ACARICIA otros MUNDOS

ACARICIA
otros MUNDOS

7 CLAVES PARA UNA EXCELENTE

COMUNICACIÓN

Esperanza Sebastián

Título: *ACARICIA OTROS MUNDOS*
© 2020, Esperanza Sebastián Lozano

Autoedición y Diseño: 2020, Esperanza Sebastián Lozano

Primera edición: marzo de 2020
ISBN-13: 978-84-18213-53-3
TF 341-2020

*Dedicado a las personas que han trabajado
"codo con codo" conmigo para que
este libro haya visto la luz.*

"*J*amás siento que recibo tanto
como cuando aceptas algo de mí,
cuando comprendes
la alegría que siento al dártelo.

Sabes que mi ofrecimiento
no busca que estés en deuda conmigo,
sino vivir el amor que siento por ti.

Recibir con gracia
quizá sea la mayor forma de dar.

No puedo separar
una cosa de la otra.

Cuando tú me das algo,
yo te doy el recibirlo.
cuando tomas algo de mí,
siento que soy yo quien recibe".

Canción de **Ruth Bebermeyer**
Título: "Given To" (Darse)

ÍNDICE

INTRODUCCIÓN

Amigo caminante,

Nos volvemos a encontrar… ¡qué inmensa alegría! Quizás ya has leído el primer libro de la trilogía **ACARICIA TU MUNDO** y te ha ayudado en tu camino. Tal vez, por eso, quieres continuar con este segundo volumen. Desde ya, te digo que no te arrepentirás.

Si no lo has leído, te recomiendo que lo hagas. En ese libro compartí contigo aspectos muy importantes para tu proceso personal. Aunque si no lo has hecho, te puedes enganchar perfectamente a este segundo volumen. Toca aspectos diferentes que te ayudarán también en tu crecimiento.

Este libro, **ACARICIA OTROS MUNDOS,** tiene como tema central LA COMUNICACIÓN.

¿Cómo creamos nuestras relaciones? ¿Cómo vivimos la conexión con las personas que son importantes para nosotros? ¿Cómo creamos lazos de entendimiento con los que nos rodean? ¿Sabemos expresar nuestros pensamientos, sentimientos y deseos de forma efectiva? ¿Somos capaces de trascender nuestro "yo" para comprender al otro?

Nuestras relaciones familiares, de pareja, profesionales, de amistad, pueden fracasar a causa de las barreras que nos encontramos para comunicarnos, y comunicarnos no es solo hablar. Cualquiera de estas relaciones se vendrán abajo si no somos capaces de dominar el hermoso arte de la comunicación.

La base de toda relación satisfactoria que nos hace ser felices es la comunicación. **Nuestra felicidad personal y el éxito profesional pasa por saber comunicarnos** y dominar todos los aspectos que eso conlleva.

Anthony Robbins nos lo dice claramente: *"La forma en que nos comunicamos con otros y con nosotros mismos determina la calidad de nuestras vidas".*

Vas a comenzar un emocionante camino por el mundo de la comunicación, ¡disfrútalo!

Estoy segura de que cuando acabes el libro, tu libro, **tendrás la capacidad y los recursos para transformar tu vida y la de los que pasen por ella.**

¿Seguimos adelante?

ESperanza **SE**bastián **L**ozano

¡CONÉCTATE!

Si eres de los que no han leído el primer libro ***ACARI-CIA TU MUNDO*** es el momento de ponerte "los dientes largos".

Aunque ya te he dicho que la temática de cada libro es diferente, y para tu crecimiento personal no quiero que te pierdas los fundamentos de los que hablamos en el primero.

El primer volumen de la trilogía está **centrado en ti**, en tu **camino personal**. Es una invitación a dar un paso más para conocerte interiormente. Es una llamada a la valentía que hay dentro de ti. A dejar de actuar "como siempre" para encontrar nuevos caminos que te lleven a tu plena realización personal. A **ser el héroe de tu vida**. Y como ya te dije entonces:

> *"La única persona en la que estás destinado a convertirte es la persona que decidas ser".*
>
> Ralph W. Emerson.

Nuestro camino transitó por los hermosos parajes de la consciencia, del **vivir despiertos**, del vivir el presente. De vivir cada instante de nuestra vida con la mayor intensidad posible.

> *"La vida no trata de encontrarse a uno mismo, sino de crearse a uno mismo".*
>
> George Bernard Shaw.

En ese camino descubrimos que la realidad en la que vivimos no es LA REALIDAD es **NUESTRA REALIDAD**. Somos los creadores de lo que queremos vivir. Nuestros filtros -cultura, aprendizaje, experiencias, motivación, deseos, creencias...- nos condicionan para vivir de una manera u otra. Al final, hemos de decidir cuál queremos que sea nuestra auténtica realidad.

Y te recuerdo en palabras de Ricardo Mata:

> ***"Cada mañana tienes dos opciones: seguir quejándote de tu vida o hacer algo para cambiarla".***

Seguimos paseando por nuestra **fisiología**, nuestro cuerpo, y por la importancia de ser conscientes de que **mente y cuerpo van en un solo "pack"**.

Todo lo que pasa por nuestra mente se refleja en el cuerpo y todo lo que marca nuestro cuerpo se transmite a nuestra mente.

Nuestra fisiología es una gran herramienta para cambiar nuestras emociones y pensamientos. A tu disposición puse varios **ejercicios** que te lo demostrarán.

¡Cuánto paseo! ¿Estás cansado? ¿Descansamos?

¡Uy, uy, uy! Y en ese descanso es cuando **nuestra voz interior** aprovecha para llenarnos la cabeza de preocupaciones, pensamientos, sentimientos… Y ahí está dando vueltas y más vueltas…nos enreda.

Pero tienes la suerte de que te mostré algunos **ejercicios** muy interesantes para detener esa voz tan molesta que no nos deja avanzar y nos crea, en ocasiones, emociones que no deseamos.

Las emociones están con nosotros para conocerlas, vivirlas y sentirlas… no para que ellas dominen nuestra vida. Recuerda que…

> *"No sentimos emociones para instalarnos en ellas, sino para actuar de una u otra manera".*
>
> José Antonio Marina.

Y, ¡cómo no! Los **ejercicios** que te propuse te ayudarán a fluir con las emociones.

Todo este profundo caminar hacia ti mismo solo tiene sentido si lo **refuerzas con el AMOR**. El amor es el pilar que nos sostiene para poder avanzar en nuestra vida, en nuestro crecimiento. Nos apuntala frente a nuestras inseguridades, miedos, decepciones…, y nos da fortaleza y energía.

Amigo caminante, espero y deseo que con este estupendo paseo te hayas hecho una idea clara de lo que contiene el primer libro de esta trilogía *ACARICIA TU MUNDO*.

Ahora descansa y prepárate porque te esperan nuevos caminos por descubrir.

PRIMERA PARTE

LA COMUNICACIÓN

1

MÁS QUE PALABRAS...

Amigo caminante,

Ya estoy aquí. A tu lado. Comenzamos un nuevo viaje lleno de enseñanzas y nuevos aprendizajes. ¡Será espectacular!

Tengo tantas cosas que compartir… que ya estoy impaciente… espero que tú también.

Creo que ya me conoces y, por tanto, sabes que va a ser ameno y a la vez profundo nuestro caminar por este ámbito tan importante de la COMUNICACIÓN.

> *"Cuando cambiamos la forma en que nos comunicamos, cambiamos la sociedad".*
>
> Clay Shirky

Sencillo… y a la vez complicado. En nuestro día a día, nos encontramos continuamente con situaciones que implican una comunicación: relaciones personales, familiares, trabajo, negocios…. Esta es la parte sencilla, lo cotidiano.

Nadie escapa a este proceso que por el hecho de ser cotidiano, no deja de ser complejo. Pensamos que comunicarnos es hablar, hablar y hablar. O tal vez pensamos que comunicación es hablar y escribir.

¡Uf! ¡Ya comenzamos mal! Los loros que han sido adiestrados para ello también emiten sonidos.

Recuerdo cariñosamente cuando yo era pequeña y estaba en 4° de EGB, (sí, yo soy de la EGB…¡madurita!) la tutora del curso tenía en clase una mascota, concretamente un lorito.

La profesora, que si no recuerdo mal se llamaba Bernarda, había dedicado horas infinitas a enseñar a su mascota unas cuantas palabras de gran utilidad para su labor docente.

En el repertorio se encontraban las palabras: "¡niñas!", "callad" y "lorito bonito". No recuerdo exactamente si el animalito "bonito" sabía alguna más…, ya hace mucho tiempo de esto.

A las alumnas nos encantaba escuchar las palabras que salían del pico del lorito. Recuerdo horas de silencio y trabajo amenizadas por sus palabras: "¡niñas!, ¡lorito bonito!, callad".

Eran la alegría de la clase y daba la sensación de que alguien estaba a tu lado animándote a trabajar. En los ratos más distendidos y que se organizaba más jaleo, el lorito repetía insistentemente: ¡lorito bonito, lorito bonito...! Era el protagonista del grupo. En años posteriores se le echaba de menos. ¡Toda una experiencia!

Estamos ante el "primer nudo gordiano" (obstáculo difícil de resolver) de nuestro camino: el lenguaje. Podemos pensar que comunicación y lenguaje son conceptos similares, ¡vaya! que son sinónimos. ¡Lo más lejos de la realidad!

El lenguaje es solo un aspecto muy concreto de todo el proceso de la comunicación y, al que posiblemente le damos más importancia, desdeñando otros que tienen mayor relieve.

¡Cuidado! ¿Cuántas veces no te has enterado de nada en la reunión de trabajo porque estabas a punto de dormirte?

¿Cuántas veces has aguantado un "capazo" -persona que te explica y te explica cosas que no te interesan pero pones cara de que sí- en medio de la calle y no te has aclarado con lo que te quería explicar?

¿Cuántas veces te ha pasado que has ido a una conferencia a la que ibas tan ilusionado y al salir has pensado que había sido una pérdida de tiempo?

Posiblemente, en cada caso contribuyeron factores diferentes para que no fueran encuentros significativos para ti. Lo único que está claro es que no hubo una buena comunicación.

Quizás te pasó como al del chiste:

"Un empresario invitó a sus trabajadores a una comida de fraternidad. Cuando llegaron los postres se levantó para pronunciar un discurso. Durante el mismo, contó un chiste que, al ser oído, provocó grandes carcajadas en todos los trabajadores, menos en uno. El empresario le preguntó, sorprendido por su inhabitual seriedad:

- ¿Es que a usted no le ha hecho gracia?

- A mí me ha hecho la misma gracia que a todos los demás, contestó el perspicaz empleado, pero es que yo me jubilo mañana".

¡Wow, cuánta sinceridad! Estoy impresionada. Pero, ¡Vamos al grano!

¿QUÉ ES LA COMUNICACIÓN?

La RAE (Real Academia Española) en su afán de concreción nos dice que comunicación *"es la correspondencia entre dos o más personas"*.

Si nos acercamos a la palabra latina de la que procede *communicatio,* que a su vez deriva del verbo *communicare,* nos estamos acercando más a su significado profundo.

Comunicar significa **COMPARTIR**, INTERCAMBIAR ALGO, PARTICIPAR EN ALGO. En sentido amplio, es la idea de poner nuestras ideas, pensamientos, sentimientos en común con otras personas.

Definido de esta manera implica una relación que va mucho más allá de las palabras, una relación más profunda entre dos o más personas. Yo te doy parte de mí y tú me das parte de ti. Las dos partes damos y las dos partes recibimos. Es una acción recíproca y comprometida. Enriquece a las dos partes.

> *"Dos monólogos no hacen un diálogo".*
>
> Jeff Daly

Amigo caminante, ahí va este cuento del s. XIV que ilustra muchas de nuestras situaciones cotidianas.

El autor es Juan Ruiz, Arcipreste de Hita, y está incluido en el *Libro de Buen Amor*. La versión que yo te ofrezco ha sido adaptada por Florencia E. De Giniger.

"LA DISPUTA POR SEÑAS"

"*Sucedió una vez que los romanos, que carecían de leyes para su gobierno, fueron a pedirlas a los griegos, que sí las tenían. Estos les respondieron que no merecían poseerlas, ni las podrían entender, puesto que su saber era tan escaso.*

Pero que si insistían en conocer y usar estas leyes, antes les convendría disputar con sus sabios, para ver si las entendían y merecían llevarlas. Dieron como excusa esta gentil respuesta.

Respondieron los romanos que aceptaban de buen grado y firmaron un convenio para la controversia. Como no entendían sus respectivos lenguajes, se acordó que disputasen por señas y fijaron públicamente un día para su realización.

Los romanos quedaron muy preocupados, sin saber qué hacer, porque no eran letrados y temían el vasto saber de los doctores griegos. Así cavilaban cuando un ciudadano dijo que eligieran un rústico y que hiciera con la mano las señas que Dios le diese a entender: Fue un sano consejo.

Buscaron un rústico muy astuto y le dijeron: "Tenemos un convenio con los griegos para disputar por señas: pide lo que quieras y te lo daremos, socórrenos en esta lid".

Lo vistieron con muy ricos paños de gran valor, como si fuera doctor en filosofía. Subió a una alta cátedra y dijo con fanfarronería: "De hoy en más vengan los griegos con toda su porfía".

Llegó allí un griego, doctor sobresaliente, alabado y escogido entre todos los griegos. Subió a otra cátedra, ante todo el pueblo reunido. Comenzaron sus señas como se había acordado.

Se levantó el griego, sosegado, con calma, y mostró solo un dedo, el que está cerca del pulgar; luego se sentó en su mismo sitio.

Levantóse el rústico, bravucón y con malas pulgas, mostró tres dedos tendidos hacia el griego, el pulgar y otros dos retenidos en forma de arpón y los otros encogidos. Se sentó el necio, mirando sus vestiduras.

Se levantó el griego, tendió la palma llana y se sentó luego plácidamente.

Se levantó el rústico con su vana fantasía y con porfía mostró el puño cerrado.

A todos los de Grecia dijo el sabio: los romanos merecen las leyes, no se las niego. Se levantaron todos en sosiego y paz. Gran honra proporcionó a Roma el rústico villano.

Preguntaron al griego qué fue lo que dijera por señas al romano y qué le respondió este.

Dijo: "Yo dije que hay un Dios, el romano dijo que era uno en tres personas e hizo tal seña. Yo dije que todo estaba bajo su voluntad. Respondió que en su poder estábamos, y dijo verdad. Cuando vi que entendían y creían en la Trinidad, comprendí que merecían leyes certeras".

Preguntaron al rústico cuáles habían sido sus ocurrencias: "Me dijo que con un dedo me quebraría el ojo: tuve gran pesar e ira. Le respondí con saña, con cólera y con indignación que yo le quebraría, ante toda la gente, los ojos con dos dedos y los dientes con el pulgar.

Me dijo después de esto que le prestara atención, que me daría tal palmada que los oídos me vibrarían. Yo le respondí que le daría tal puñetazo que en toda su vida no llegaría a vengarse. Cuando vio la pelea tan despareja dejó de amenazar a quien no le temía".

Por eso dice la fábula de la sabia vieja: "No hay mala palabra si no es tomada a mal. Verá que es bien dicha si fue bien entendida".

Puede que te resulte extraño lo que te voy a decir e incluso te sorprenda, pero es totalmente cierto:

NUESTRA FELICIDAD DEPENDE DE SABER COMUNICARNOS ADECUADAMENTE.

No nos satisfacen las respuestas que recibimos de nuestros entornos, nos sentimos incomprendidos…y pensamos que son los otros quienes tienen la culpa (siempre volvemos a lo mismo, "pelotas fuera"), siempre es el otro el culpable. No somos conscientes de que no hemos sabido comunicar, y ante esa mala gestión, con dificultad podemos recibir una respuesta a lo que no se ha entendido.

Diariamente encontramos multitud de ejemplos que corroboran esta situación. Personas que se quieren y que van poniendo y encontrando barreras que, poco a poco, van separándolas. Y llega un momento, sin saber cómo, que **el muro es tan alto que es imposible escalarlo para encontrar al otro lado a la persona que estimas.**

Es imposible escalarlo o, simplemente, ya no quieres hacer el esfuerzo porque piensas que tú has hecho todo lo que podías y la culpa la tiene el otro. **¡Nunca se ha hecho lo suficiente!** Es una manera de decir ¡ya no quiero hacer más! Renuncio, me conformo con las consecuencias, no hay un ánimo real de querer arreglar las cosas.

Yo soy más importante que la otra persona: amigo, familiar, compañero de trabajo…Y eres capaz de sacrificar todo el cariño que ha existido en la relación por un malentendido.

¡Cuántas familias rotas, cuántas parejas que se quieren, separadas, cuántos hijos indefinidamente enfadados con los padres, cuántos amigos que siempre se han intentado ayudar enfrentados por encontrarse ante esa barrera de la comunicación incorrecta, por la incomunicación!.

En muchas ocasiones hemos sido testigos de discusiones acaloradas -en muchas de ellas seguro que hemos sido protagonistas- en las que los afectados no se estaban dando cuenta de qué decían y peleaban por lo mismo. En ese momento, no eran capaces de escucharse e intentar entender al otro.

Cuando no somos los implicados lo vemos mucho más fácil, vemos en qué se están equivocando, cuál es el error. Pero cuando somos nosotros...

Cuanto más avanzamos en las nuevas tecnologías, más crece el problema. Me refiero, por ejemplo al "whatsapp". Todos sabemos que esta "app" en su vertiente de escritura posee ciertas cualidades "extrañas" que nos han llevado y nos llevan a infinidad de malos entendidos por las interpretaciones que realizamos de ellos. A rupturas, enfados, críticas...

¿Cuáles son esas cualidades "extrañas" a las que me refiero? ¿Seguro que no lo sabes? ¡No me lo puedo creer!

Me refiero a que esos mensajes en tu móvil los lees imaginando el tono de voz que utiliza la persona que lo escribe, el volumen, los gestos de la cara de la persona que te envía el mensaje, y un sinfín de cualidades que cada uno de nosotros interpretamos porque hemos visto unas palabras escritas.

Sí, unas palabras escritas y que tú interpretas según tus creencias, experiencias, diálogo interno y todo de lo que ya hablamos en el libro anterior.

¡Ojo con los mensajes escritos!, encierran un gran poder de frustración y nos pueden llevar a un malentendido en el mensaje, que repercutirá en todas las acciones posteriores que llevemos a cabo. La interpretación en este caso depende de la persona que lo recibe y no de quien la envía.

Tenemos que saber transmitir nuestros pensamientos y sentimientos de manera clara y tenemos que escuchar y analizar lo que la otra persona nos quiere decir. Si no es así, por mucho que exista el cariño y el amor entre nosotros, sin la claridad de la comunicación esa relación está llamada al fracaso.

Estoy segura de que te estás preguntando qué hay en la comunicación que todavía no sabes y qué influye tan decisivamente en ella.

Porque tengo la certeza de que quieres que tus relaciones sean plenas para ti y para los que comparten tu vida, tanto en el trabajo, como con tus amigos, con tu familia y con todas las personas que cada día te encuentras en tu camino.

Por tanto,

**¿ES IMPORTANTE APRENDER
A COMUNICARNOS? NO, no es
importante aprender a comunicarnos.
ES IMPORTANTÍSIMO, ES IMPRENSCINDIBLE!**

La llave de esa comunicación es dominar las emociones incontroladas, el desinterés, las incongruencias…todo eso que irás descubriendo a lo largo del libro y que enriquecerá tu vida y la de quienes estén a tu lado.

Amigo caminante, seguimos adentrándonos en este maravilloso mundo de la comunicación. ¡Te sorprenderá, te lo aseguro!

> *"Nos comunicamos con todo nuestro cuerpo, pero parece que solo estamos atentos a lo que decimos con nuestras palabras.*
>
> *Sin pretenderlo, ¡cómo empobrecemos nuestra comunicación!".*
>
> Mª Jesús Álava Reyes

Como ya supongo que vas intuyendo, existen en la **comunicación** dos componentes: el **digital** y el **analógico**.

El componente digital de la comunicación son los dígitos (las palabras), el significado de las palabras, lo que decimos con esas palabras.

El componente analógico (lenguaje no verbal) es la forma en que decimos lo que decimos, la calidad de lo dicho.

COMUNICACIÓN = C. DIGITAL + C. ANALÓGICO

Te voy a explicar un poco más en qué consiste este **componente analógico** para que te des cuenta de lo importante que es en el proceso de la comunicación y que en muchas ocasiones, no nos fijamos y tenemos descuidado.

En este aspecto intervienen componentes tan importantes como: **la calidad de la voz** (tono, volumen, velocidad, timbre, ritmo…) y la **fisiología** -nuestro cuerpo- (respiración, movimiento de los ojos, postura, movimientos…).

A continuación, te presento un esquema para que quede más claro. Te darás cuenta de la gran importancia que tienen en nuestra comunicación los aspectos analógicos que transmitimos a los demás con nuestro lenguaje no verbal.

Este esquema es aceptado universalmente gracias a las investigaciones llevadas a cabo por muchos investigadores, entre los que destacan Albert Nehrabian y Birdwhistell.

ESTRUCTURA de la COMUNICACIÓN
DIGITAL
ANALÓGICA
7%
38%
55%
PALABRAS
Calidad de la voz
Respiración
Movimiento ojos
Postura
Movimientos
Intensidad
Tono
Volumen
Velocidad
Ritmo
Timbre
93%
100%

¡Caramba! Con este esquema se entiende mejor, ¿verdad, amigo caminante? Como dice el refrán *"una imagen vale más que mil palabras"*.

¡Madre mía! ¡Las **palabras** solo suponen un **7%** de nuestra comunicación! El restante **93%** es lo que esconde el **verdadero significado de lo que queremos decir**.

No es una tontería lo que acabas de descubrir, amigo caminante. De ahora en adelante, sería conveniente que prestaras atención, que fueras consciente de tu lenguaje no verbal (analógico), para que tus mensajes puedan ser captados y entendidos correctamente.

Y cuando observes incongruencias en los que recibes puedas pedir aclaraciones que te ayuden a su comprensión. Más adelante hablaremos de este aspecto tan importante.

Quiero explicarte con un poco más de detalle qué son todas esas **cualidades de la voz.**

- **Velocidad**: es la rapidez con la que nos expresamos.

- **Volumen**: es la fuerza que empleamos para hablar. Una voz muy fuerte puede resultar agresiva y autoritaria. Puede parecer irritante al que la escucha. Una voz excesivamente débil puede dar una imagen de inseguridad y, a la vez, dificulta el entendimiento.

- **Tono**: va relacionado con la emoción que quiere transmitir la persona a la hora de hablar. Las emociones varían el tono que utilizamos y dan sentido a lo que decimos. El tono puede ser: autoritario, seco, amable, dulce, irónico, agresivo…

- **Ritmo**: son los cambios de tono. Puede ser un ritmo monótono o por el contrario un ritmo rico en matices.

- **Timbre**: nos permite diferenciar a las personas, es cómo suena la voz de esa persona en concreto. Forma parte de su personalidad.

Poco a poco y con determinación, vamos a ir derribando ese muro que nos impide comunicarnos.

Amigo caminante, te espero en el siguiente capítulo. Te dejo con tus pensamientos y con todas las cosas nuevas que has aprendido.

RESUMIENDO... **¿QUÉ ES LA COMUNICACIÓN?**

✓ La comunicación es COMPARTIR tus ideas, tus pensamientos y tus sentimientos con otras personas.

✓ La comunicación es una acción recíproca y comprometida.

✓ Tu felicidad depende de saber comunicarte adecuadamente.

✓ La comunicación tiene dos componentes: digital y analógico.

✓ El componente digital son las palabras y en el analógico se encuentran la calidad de la voz y la fisiología.

2

TUS GESTOS HABLAN

Amigo caminante, aquí estoy nuevamente. ¡Bienvenido a este nuevo aprendizaje! Gracias por estar aquí conmigo.

Me imagino lo satisfecho que debes de estar descubriendo aspectos nuevos que te ayudarán a una mejor relación con las personas con las que convives.

Después del capítulo anterior en el que te he explicado qué es la comunicación quiero hablarte, con un poco más de detalle, de la comunicación analógica, la comunicación no verbal. Es un universo lleno de posibilidades que te invito a descubrir.

Al comienzo de la raza humana, antes de que fuera capaz de hablar, el hombre se relacionaba mediante gestos. La evolución nos fue dotando del lenguaje y ahora es uno de los rasgos que nos diferencia de los animales. Aunque nuestro lenguaje no verbal sigue teniendo rasgos parecidos al de los primates.

La comunicación no verbal desde comienzos del s. XX ha estado presente en distintas disciplinas: psicología, antropología, sociología, psiquiatría que realizaban sus investigaciones. En otras ramas no tan científicas como el cine, la pintura, la escultura, la literatura… este lenguaje ya tenía un puesto destacado por su capacidad de expresividad y de acercamiento a la persona.

Desde que el hombre descubrió que podía comunicarse mediante trazos en las paredes de sus cavernas, lo que llamamos pinturas rupestres, (algunas datan de hace 40.000 años) hasta nuestros días, **ha sido una búsqueda constante por mostrar las emociones y sentimientos que alberga el alma humana.**

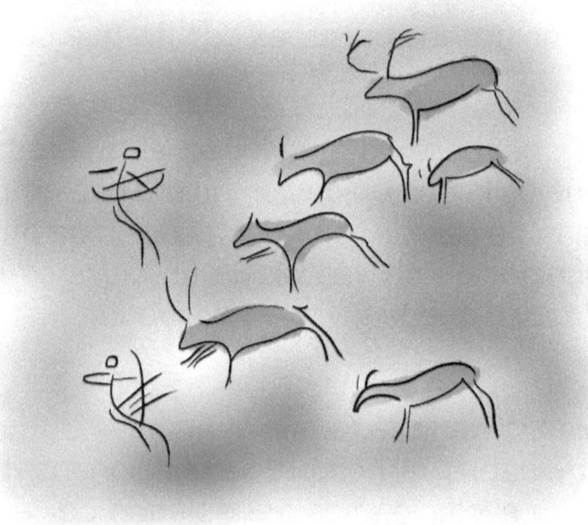

¡Cuántos artistas -escultores y pintores- han buscado reflejar en los cuerpos de sus obras los detalles más nimios para inspirar grandes sentimientos en el espectador!

¡Cuántos escritores han descrito al ser humano con tanto detalle y delicadeza que parecía como si lo tuviéramos delante de nosotros!

Se constata que el lenguaje no verbal es el que mayor impacto causa en nuestras emociones.

Como ejemplo, te dejo con este precioso poema de **Hernán R. Cornejo Véliz.**

"No quiero ver su carita triste,
Ya que ella apaga el brillo de tus ojos
Y palidece el color de tu piel
Como las nubes oscurecen la luna
No dejando ver su ¡LUZ!

Si tú estás triste
Pierdes esa linda sonrisa y gestos de bondad
Que entregas al alma y dan sentido
A los latidos del corazón.

No estés triste te lo ruego
Sólo ríe, para dar alegría a los ángeles
También alegría a "DIOS".

Hoy veo que tu carita, ya no está triste
Ahora de alegría, alegría de amor,
Tu semblante está reluciente
Y tus ojos brillan como
La luna del "Amor".

Tu carita se ve hermosa
Como una linda flor que abre sus
Pétalos a la salida del ¡SOL!

Azucenas y jazmines aplauden
Tu linda sonrisa
Que endulza su alrededor

Carita triste, hoy alegre, muy feliz
Y llena de ¡AMOR!"

Supongo que te gusta viajar y conocer "mundo", nuevas culturas, idiomas, personas… Cuando has viajado a algún país del que no conocías el idioma, (para mí no es difícil que me pase eso, no soy poliglota. Me defiendo sólo en dos) y has querido ir a comer o comprar alguna cosa… ¿Cómo lo has hecho?

Pues supongo que como yo, con el lenguaje universal: los gestos. Le señalo al camarero o al vendedor lo que quiero y después nuevamente con los dedos le señalo qué cantidad deseo. ¡Eso sí! Acompañado de una bonita sonrisa.

También doy por hecho que te gusta algún deporte. ¿Cómo celebras los éxitos de tu equipo o deportista? Sí, sí, no te dé vergüenza confesar que saltas de alegría, alzas los brazos al aire en señal de victoria o aprietas el puño con fuerza para soltar el nerviosismo acumulado.

¿Te has fijado en cómo celebran sus victorias o sus derrotas los deportistas?

¿Te has fijado en cómo celebra sus victorias o su derrota tu hijo, pareja, familiar, amigo…?

Estoy segura de que puedes identificar todo el abanico de gestos, movimientos, expresiones faciales y corporales de cada uno de ellos. "¡Somos como un libro abierto!"

> *"Utiliza la comunicación no verbal cuando los sentimientos se desborden y las palabras se vuelvan peligrosas".*
>
> Anónimo

En ocasiones, cuando hemos estado conversando con una persona que no conocíamos de nada, hemos tenido intuiciones que no hemos sabido explicar. Hemos llegado a conclusiones como: "tiene algo que no…", "no me da buena espina".

¿De dónde viene esa sensación? Casi seguro que procede de su lenguaje no verbal, de su manera de comportarse, de sus gestos, aspectos que nos ha transmitido y nuestro inconsciente ha captado.

También puede suceder lo contrario; a veces, hemos conectado rápidamente con personas que no conocemos de nada, hemos coincidido en una reunión de trabajo, en una conferencia…y con unas pocas palabras nos ha dado la sensación de que nos conocíamos de toda la vida.

¿Qué ha sido? Una mirada, un gesto, una postura… El caso es que ese lenguaje nos ha atraído, nos ha dado confianza y seguridad.

Nuestras emociones se han visto influenciadas sin necesidad de muchas palabras, e incluso sin mediar palabra.

Cualquier mensaje corporal nos puede llevar a sentir incomodidad, rabia, nerviosismo, intimidación… o nos puede hacer sentir alegría, cercanía, complicidad…

Por tanto, ¡"apliquémonos el cuento"!, amigo caminante. Tú también estás reflejando con tu lenguaje corporal un sinfín de matices emocionales que la otra persona captará de ti. Y hará que se sienta más próximo o lejano de tu persona y de tu discurso.

En ese tipo de comunicación reflejamos nuestro mundo interior, a veces tan rico y profundo y, a veces tan áspero y enrarecido.

> *"Lo más importante en la comunicación es escuchar lo que no se dice".*
>
> Peter Drucker

Así pues, nuestro lenguaje no verbal cumple varias funciones en el proceso de la comunicación y en el proceso de relación con los demás:

1. Nos define como ser con identidad propia.

2. Nos demuestra nuestra capacidad de relacionarnos.

3. Nos ayuda a que nuestros mensajes sean comprendidos.

4. Transmite sensaciones, emociones y sentimientos.

5. Es un mecanismo para influir en las personas.

Voy a comentarte un aspecto muy concreto de la comunicación no verbal en una situación que tal vez hayas vivido "en tus propias carnes".

Es el momento: "No me interesa lo que me estás contando". Me refiero a esas situaciones en que nos cuentan cosas que nos resultan totalmente indiferentes. Tu actitud corporal te ha delatado y el otro se ha podido dar cuenta. O al revés, has notado que al otro no le interesa tu historia.

> *"Los gestos son los tambores de agua de la palabra".*
>
> Proverbio Touareg

Existen una serie de movimientos y gestos que nos delatan y que sabiéndolo podemos controlar para no ofender a nuestro interlocutor.

También nos pueden servir para detectar en nuestros oyentes que no les resulta interesante nuestra aportación. ¡No nos lo tomemos a mal!

Esta información está extraída del blog de Santiago Moll *Justifica tu respuesta*.

"Gestos que demuestran que lo que contamos no interesa:

- No te miran directamente a los ojos.

- Te miran a los ojos, pero sin parpadear.

- Si están atentos se remueven en el asiento.

- No asienten con la cabeza mientras estás hablando.

- Asienten impacientemente con la cabeza dándote a entender que quieren que termines de contar lo que les estés contando.

- Se colocan en el borde de la silla preparados para levantarse e irse.

- Si están de pie, orientan su cuerpo y sus pies hacia la salida.

- Te interrumpen bruscamente preguntando algo que no tiene nada que ver con lo que les estás contando.

- Se distraen fácilmente con objetos que tienen a mano o con lo que les rodea.

- Levantan las cejas dejando entrever cierta incomodidad.

- Cruzan manos o piernas o ambas a la vez en señal de poca receptividad en el mensaje.

- El temblor en una pierna."

Amigo caminante, se acaba este acercamiento al lenguaje no verbal. Solo pretende ser una pincelada de luz para que te des cuenta de que somos mucho más que palabras. Somos movimientos y gestos que **ACARICIAN LAS PALABRAS** y las engrandecen para hacer de la comunicación la exaltación de la vida.

Cuida tus gestos, tus expresiones faciales, tus movimientos… todo está revelando parte de ti y, a la vez, está enviando un mensaje a la otra persona.

Deseo que esa parte de ti siempre refleje tu grandeza interior y acoja la grandeza y debilidad de los que a ti se acerquen.

También puedes observar y estudiar la parte no verbal de las personas con las que te relaciones para entender mejor lo que te quieren comunicar y conocerlas con mayor profundidad. ¡Ánimo! ¡Es un reto muy interesante!

Te lo vuelvo a repetir, esculpe tus gestos con perfección y amor como el alfarero da forma a la vasija, con suavidad.

Enseguida nos volvemos a encontrar. Tómate tu tiempo para pensar… Te espero aquí al lado.

RESUMIENDO... **¿QUÉ ES LA COMUNICACIÓN NO VERBAL?**

✓ Es el conjunto de tus gestos, movimientos, expresiones faciales y corporales que transmiten un mensaje.

✓ El lenguaje no verbal es el que mayor impacto causa en nuestras emociones.

✓ El lenguaje no verbal te define como ser con identidad propia.

✓ El lenguaje no verbal te ayuda a que tus mensajes sean comprendidos mejor.

3

LOS PILARES DE LA COMUNICACIÓN

Amigo caminante, nos volvemos a encontrar. ¿Cómo han ido las reflexiones sobre tu lenguaje no verbal? ¿Has sido consciente de tu repertorio gestual? ¿Te has tomado tiempo para observar a otras persona? ¡Vaya, vaya! Lo dejo a tu criterio.

Continuamos con el tema que llevamos "entre manos", la comunicación. Antes de seguir entrando en materia, y eso no quiere decir que no lo hayamos hecho hasta ahora, quiero sentar las bases sobre las que se sostiene la comunicación.

Como el título del capítulo muestra son los pilares de la interacción humana, los fundamentos, los principios universales de la comunicación, los que te explicaré a continuación.

Estos pilares son el soporte y la referencia de muchos estudios científicos realizados.

Paul Watzlawick es el autor de la obra *Teoría de la comunicación* y es considerado como uno de los constructores de la Teoría de la Comunicación Humana junto con Beavin y Jackson.

Comunicarse es transmitir un mensaje a través de un código que es conocido por los que crean el acto de la comunicación. Pero ya sabemos que no todos compartimos el mismo código.

Cuando me refiero a código quiero decir idioma. Y sabemos que en el mundo en que vivimos la riqueza idiomática es muy amplia. Esa riqueza lleva consigo también una riqueza cultural y de tradiciones que sustentan una sociedad concreta.

Tanta diversidad, en ocasiones, puede dificultar la comunicación y hacer que nos resulte complicado comprender a los otros. **La comunicación es fundamental para el ser humano porque permite nuestra supervivencia como especie**.

A pesar de esta dificultad, podemos observar que existen muchos aspectos similares en la forma en que nos comunicamos desde nuestro código en relación a otros.

Estas semejanzas han servido de cimiento para crear la teoría de la comunicación.

Estos fundamentos o leyes rigen cualquier intercambio comunicativo independientemente del tipo que sea. **Se consideran leyes universales y se cumplen siempre aunque no seamos conscientes y pretendamos lo contrario.**

Para Paul Watzlawick, teórico estadounidense, todas las partes que forman la comunicación humana están relacionadas de tal manera que si una parte de ellas cambia repercute en el resto.

¡Uf! ¡Cuánta información! Espero que se te haya hecho amena y esclarecedora para poder continuar explicándote estos fundamentos tan importantes en nuestros intercambios comunicativos. ¡Ahí vamos!

FUNDAMENTOS DE LA COMUNICACIÓN:

1. NO PODEMOS NO COMUNICAR.

La no comunicación es imposible entre seres humanos. Siempre hay comunicación porque esta es una conducta. No existe lo contrario de una conducta.

Toda conducta es una situación de interacción y es comunicación. Por mucho que uno lo intente no puede dejar de comunicar.

Incluso cuando tratamos de no enviar ningún mensaje, eso, en sí mismo, es un mensaje y las señales de este llegarán a la otra persona.

Aunque no verbalicemos nuestros pensamientos, sensaciones, ideas, interpretaciones y decisiones, dichos fenómenos internos se comunican de forma no verbal de múltiples maneras.

La inactividad y el silencio también tienen un mensaje e influyen sobre los demás.

Si interiormente estás pensando: "No quiero decir nada" o "no te hablo porque estoy enfadado contigo" no lleva un mensaje verbal pero contiene en sí todo un mensaje a nivel de componente analógico (no verbal).

Estoy segura de que te has encontrado en más de una ocasión en esta tesitura de silencio que se palpa en el ambiente. Seguro que has oído esta expresión alguna vez: "se cortaba el silencio con cuchillo" en el sentido de que era tan tenso el ambiente que se estaba creando, que hasta se podía cortar.

> *"El silencio es el gran arte de la conversación".*
>
> William Hazlitt

El lenguaje NO VERBAL es inconsciente y más verdadero.

2. INTERACCIÓN ENTRE CONTENIDO Y RELACIÓN.

Este fundamento nos viene a decir que el mensaje que comunicamos a nuestro interlocutor, a la otra persona, será entendido o interpretado dependiendo de la relación que mantengamos con esa persona, es decir, según el tipo de unión que tengamos con el otro (amistad, familiar, conocido, superior o desconocido) entenderemos de una u otra manera el mensaje.

Es la relación que mantenemos la que dirige cómo entendemos o interpretamos el mensaje.

Te voy a poner un ejemplo:

Un amigo te puede decir: "estás en la calle" que puede significar: ¿dónde estás? o que el director de tu empresa te diga: "estás en la calle" que se puede interpretar como un despido de la empresa.

Te pondré otro ejemplo:

No es lo mismo que tu hijo te diga: "mamá, eres una pesada" que te lo diga un compañero de trabajo.

Estoy segura de que el mensaje lo recibes de manera totalmente diferente. E incluso, me atrevo a concretar más, que un compañero te diga "eres una pesada" lo entenderás de forma diferente si se trata de un compañero de trabajo ocasional o es tu compañero de despacho con el que llevas mucho tiempo.

3. ORDEN DE LAS SECUENCIAS ENTRE LOS QUE SE COMUNICAN.

Lo que quiero decirte en este fundamento es que la comunicación se establece de manera bidireccional: el emisor (el que emite el mensaje) y el receptor (quien recibe dicho mensaje) se influyen mutuamente.

Lo que uno expresa crea un reacción en la otra persona generando de esta manera una secuencia concreta. Es un mecanismo de acción-reacción o de estímulo-respuesta. Quien inicia y quien continúa.

Un ejemplo muy cotidiano es lo que ocurre en las discusiones, el desacuerdo va escalando al ritmo de las reacciones a los mensajes del otro.

Puede ser algo así:

- "Te grito porque me miras de ese modo…"

- "Te miro de ese modo porque me estás gritando".

O tal vez algo parecido:

- "Te reprendo porque te inhibes"

- "Me inhibo porque me reprendes".

El problema surge del falso orden en la secuencia; la idea de que tiene un comienzo real es un error de los que participan en el intercambio.

4. COMUNICACIÓN DIGITAL Y ANALÓGICA.

Este fundamento ya lo hemos comentado de forma exhaustiva anteriormente. En el acto de intercambio comunicativo utilizamos tanto la comunicación digital (lo que se dice) como la comunicación analógica (la manera en que se dice).

Tenemos que tener en cuenta los dos mensajes que recibimos: las palabras, el contenido del mensaje, así como los gestos, el tono, la postura, etc.

Te servirá de ejemplo cómo podemos interpretar cosas diferentes si alguien nos dice: "llegas pronto" con una sonrisa en la cara o si nos dice "llegas pronto" enfadado, con los brazos en "jarras" y dando pequeños golpes con el pie.

5. SIMETRÍA Y COMPLEMENTARIEDAD EN LOS INTERCAMBIOS.

Este último fundamento establece que los intercambios comunicativos son simétricos o complementarios según estén basados en la igualdad o en la diferencia, es decir, si en la comunicación los que participan tienen el mismo rol o posición de poder, o la relación que se establece es desigual (uno complementa al otro).

Estos diferentes estilos de intercambio marcan la funcionalidad y los resultados de dicha comunicación. No hemos de pensar que una sea negativa y la otra positiva; simplemente, pueden tener distinta utilidad dependiendo de los contextos o situaciones.

En la complementaria existen dos posiciones: la superior o de líder y la secundaria o inferior.

Por ejemplo, en una relación de pareja cada uno podrá expresarse en igualdad de condiciones y decidir juntos cuál será el destino de su relación. Es una relación simétrica.

La relación que mantengas con tu jefe, por ejemplo, tenderá a ser complementaria. Será tu jefe quién decida qué papel juegas tú en el engranaje de la empresa.

> *"La forma en que nos comunicamos con otros y con nosotros mismos, determina la calidad de nuestras vidas".*
> Anthony Robbins

Amigo caminante, ¡no hay nada como ser tu propio jefe! ¿Eh? Es una ironía… sana.

Y… ¿para qué toda esta información? Para que reflexiones y pienses que siempre hay un espacio de mejora, un paso diferente en tu camino que te ayude a progresar y modificar tu comunicación para obtener resultados óptimos, para vivir cada vez más "despierto" y atento en tu proceso personal de crecimiento.

Te sentirás mejor contigo mismo y harás que los demás también se sientan mejor contigo.

Para acabar este interesante capítulo, te ofrezco un cuento de Jorge Bucay: *El cuento de la galletitas.*

"EL CUENTO DE LAS GALLETITAS"

"Había una vez una señora que debía de viajar en tren.

Cuando la señora llegó a la estación, le informaron de que su tren se retrasaría aproximadamente una hora. Un poco fastidiada, se compró una revista, un paquete de galletitas y una botella de agua. Buscó un banco en el andén central y se sentó, preparada para la espera.

Mientras ojeaba la revista, un joven se sentó a su lado y comenzó a leer un diario. De pronto, sin decir una sola palabra, estiró la mano, tomó el paquete de galletitas, lo abrió y comenzó a comer.

La señora se molestó un poco, no quería ser grosera pero tampoco hacer cuenta de que nada había pasado. Así que con un gesto exagerado, tomó el paquete, sacó una galletita y se la comió mirando fijamente al joven.

Como respuesta, el joven tomó otra galletita y, mirando a la señora a los ojos y sonriendo, se la llevó a la boca.

Ya enojada, ella cogió otra galletita y, con ostensibles señales de fastidio se la comió mirándolo fijamente.

El diálogo de miradas y sonrisas continuó entre galleta y galleta. La señora estaba cada vez más enfadada, y el muchacho cada vez más sonriente.

Finalmente ella se dio cuenta de que sólo quedaba una galletita, y pensó: "no podrá ser tan caradura", mientras miraba alternativamente al joven y al paquete.

Con mucha calma el joven alargó la mano, tomó la última galletita y la partió en dos. Con un gesto muy amable, le ofreció la mitad a la señora.

¡Gracias! –dijo ella tomando con rudeza la media galletita.

De nada –contestó el joven sonriendo, mientras comía su mitad.

Entonces el tren anunció su partida.

La señora se levantó furiosa del banco y subió a su vagón.

Desde la ventanilla, vio al muchacho todavía sentado en el andén y pensó: "¡Qué insolente y maleducado! ¡Qué será de nuestro mundo!"

De pronto sintió la boca reseca por el disgusto. Abrió su bolso para sacar la botella de agua y se quedó sorprendida cuando encontró allí su paquete de galletitas... ¡Intacto!"

¿Cuántas veces sacamos conclusiones en nuestra vida cuando deberíamos ser más observadores?

¿Cuántas veces nos equivocamos pensando ciertas cosas de las personas?

Ahí queda el mensaje de este fantástico cuento.

Tú y yo nos volvemos a ver en el próximo capítulo. ¡No te lo pierdas! Te espero.

¡Ah! No te olvides de ser consciente de tus intercambios comunicativos. Al principio te olvidarás, te costará, pero con el tiempo te irás dando cuenta de que se puede mejorar y te llenarás de satisfacción.

RESUMIENDO...¿CUÁLES SON LOS PILARES DE LA COMUNICACIÓN?

- ✓ **No podemos no comunicar.** Es imposible la NO comunicación. No existe lo contrario de una conducta.

- ✓ **Interacción entre contenido y relación.** El mensaje es entendido según la relación que mantengas con la persona.

- ✓ **Orden de las secuencias entre los que se comunican.** Tú y tu receptor os influís mutuamente.

- ✓ **Comunicación digital y comunicación analógica.**

- ✓ **Simetría y complementariedad en la comunicación.** Tu comunicación puede estar basada en la igualdad o en la diferencia

4

PONERSE EN EL LUGAR DEL OTRO

EMPATÍA.

> *"El hombre más feliz del mundo es aquel que sabe reconocer los méritos de los demás y puede alegrarse del bien ajeno como si fuera propio".*
>
> Goethe

Amigo caminante, me alegro de que sigas aquí conmigo. Goethe y yo te damos la bienvenida. Me ha parecido una cita extraordinaria para encabezar este capítulo de la empatía.

Te he de confesar que me ha costado muchos años de mi vida y trabajo personal llegar a practicar este pensamiento de Goethe. Aún hay ocasiones en que se me olvida y vienen a mi mente pensamientos poco constructivos que no me ayudan en mi crecimiento personal.

El ser consciente de ellos es ya en sí un crecimiento. Después, la comprensión hacia mí misma también ayuda mucho. El camino se recorre paso a paso. Y yo no pienso detenerme. Y ¿tú?

Los que nos movemos en el "mundillo" de la educación, entre ellos yo, ya nos hemos dado cuenta de lo importante que es "conectar" con nuestros alumnos. Ya no estamos en la época en que se tenía como bandera "la letra con sangre entra".

Yo creo que cuanto más comprendes y empatizas con tus alumnos , más aprenden. ¡Comprobado!

¿No te pasa a ti que de muchas "cosas" que aprendiste en el "cole" no te acuerdas porque no las has utilizado nunca más después de acabar tus estudios? Me refiero por ejemplo, a las integrales, las áreas, las clasificaciones de plantas, los reyes…y un sinfín de cosas más.

Pero estoy segura de que te acuerdas de ese profesor o profesora que un día te escuchó, creyó en ti, se preocupó por lo que te pasaba… y al que le tenías un cariño especial. No porque fuera profesor de Lengua,

"Mates" o Historia, sino porque te mostró que para él o ella eras una persona importante.

Los alumnos no se acuerdan de lo que les hemos explicado los profesores pero sí de cómo les hemos hecho sentir.

> *"Lo más importante es que necesitamos ser entendidos. Necesitamos a alguien que sea capaz de escucharnos y entendernos. Entonces, sufrimos menos".*
>
> Thich Nhat Hanh

En la época en que era tutora de un grupo de 2º de ESO (Educación Secundaria) me propuse que felicitaría a cada alumno el día de su cumpleaños sin que él o ella me lo tuviera que recordar. Cuidadosamente me apuntaba todos los cumpleaños de mis alumnos en mi agenda. Los que caían en periodos vacacionales quedábamos en un día para recordarlos. Pero ahí no acaba todo.

Antes de comenzar las clases de la mañana, al alumno que cumplía años ese día le dejaba un "possit" felicitándolo y un "Chupa Chup". ¡Era un éxito! Para ellos y para mí. Ellos se sentían importantes y queridos como yo por cada uno de ellos.

Recuerdo una anécdota que me pasó con un alumno de 2º de Bachillerato del que yo había sido tutora en 2º de ESO. Cuando nos encontrábamos por los pasillos siempre nos saludábamos cordialmente. Un día se me ocurrió decirle cariñosamente: "Hola feo" a lo que él me contestó: "¡Hola guapa!".

HEMOS DE SER CREADORES DE CLIMAS DE CONFIANZA Y AFECTO CON LOS QUE NOS RODEAN.

La influencia positiva en los demás es la capacidad que todos tenemos -si no es así, la podemos trabajar como aspecto importante en nuestro propio crecimiento personal- de establecer relaciones basadas en la empatía.

La empatía es una capacidad que "llevamos de serie" como los coches. Está programada genéticamente en nuestro cerebro y nos ayuda a conectar con los sentimientos de los demás.

Pero... no todo el mundo es capaz de ponerla en práctica en sus relaciones. No llegan a dominar esta habilidad.

Y te estarás preguntando, con toda la razón: ¿Por qué?

¡Uf! Pues hay muchos condicionamientos: experiencias que tenemos cuando somos pequeños, ambiente familiar, cultura, educación...

De hecho, en pleno siglo XXI, la era de las redes sociales, estamos más "desconectados" de nosotros mismos y de las personas que en ninguna otra época. Estamos más conectados a nuestros móviles que a los sentimientos de la persona que está a nuestro lado.

> *"El regalo más preciado que podemos dar a otros es nuestra presencia. Cuando nuestra atención plena abraza a los que amamos, florecen como flores"*
>
> Thich Nhat Hanh

ENTONCES... ¿QUÉ ES LA EMPATÍA?

La empatía es la **capacidad de relación entre dos personas caracterizada por el respeto y la confianza mutua**. Es la **capacidad de comprender los pensamientos y sentimientos** de la otra persona.

He dicho comprender, lo que no significa que tengamos que compartir o estar de acuerdo con las interpretaciones que haga esa persona. **Es comprender y apoyar**.

La calidad de esa sintonía depende básicamente de la actitud interna que ponemos a disposición de la otra persona para aceptarla.

"La empatía es ponerte en la piel de otro para averiguar qué está sintiendo exactamente esa persona o qué está pensando en un momento dado".

Deepa Kodikal

Una persona centrada en sus propias preocupaciones o problemas, difícilmente conseguirá establecer la empatía necesaria para comprender al otro.

"No lastimes a los demás con lo que te causa dolor a ti mismo".

Buda

Estoy segura de que en algunas ocasiones tú te has podido sentir así, con esa falta de apoyo emocional. Incluso una que otra vez has sido tú el que no ha sabido estar a la "altura de las circunstancias" -puede ser que no hayas sabido cómo hacerlo- y luego te has arrepentido al ver la reacción de tu interlocutor.

"La empatía reside en la habilidad de estar presente sin opinión".

Marshall Rosenberg

¿Qué tal, amigo caminante? Estoy segura de que te está encantado este tema tan apasionante de la empatía. ¡No, no he acabado! Ahora te dejo con este maravilloso cuento que no sé muy bien su procedencia... podría ser árabe. Tampoco tengo muy claro el título. De todos modos, eso no es lo importante, lo esencial es el mensaje que nos transmite y que entenderás claramente.

"GENTE COMO TÚ"

"Después de haber atravesado un camino largo y difícil, el viajero llegó a la entrada del pueblo en el que pasaría los próximos años de su vida.

Inquieto sobre la forma de ser de la gente en ese lugar, le preguntó a un viejo hombre que descansaba recostado bajo la sombra de un frondoso árbol de cedro:

- ¿Cómo es la gente en este lugar? -le dijo al viejo, sin saludarlo. Es que vengo a vivir aquí y donde yo vivía las personas eran complicadas y agresivas. La arrogancia y la insensibilidad eran el pan de cada día.

El anciano, sin mirarlo, respondió:

- Aquí la gente es igual.

El viejo siguió reposando. El caminante prosiguió su camino.

Horas después otro viajero que también llegaba al pueblo se acercó al anciano y le dijo:

- Buenas tardes, señor, disculpe la molestia, yo vengo a vivir a este pueblo y me gustaría saber cómo es la gente, porque en donde yo vivía las personas eran atentas, generosas y sencillas.

El anciano levantó la cabeza, sonrió y le contestó:

- Aquí la gente es igual...

Un hombre que había escuchado ambas conversaciones le preguntó al viejo:

- ¿Cómo es posible dar la misma respuesta a dos preguntas tan diferentes?

A lo cual el viejo contestó:

- En vez de preguntarte cómo te tratan los que te rodean, mejor pregúntate cómo los tratas tú a ellos. A la larga la gente se termina comportando contigo como tú te comportes con ellos".

No creas que me he olvidado, porque te he dejado a solas con este hermoso cuento, de lo que estábamos hablando. Comentábamos que, a veces, no "estamos a la altura" y no sabemos cómo apoyar, ser empáticos con una persona. Y te preguntarás…

¿QUÉ PUEDO HACER PARA SER MÁS EMPÁTICO?

Te voy a dar unas pistas que te van a ser muy útiles:

1. Escucha atentamente.

Pon atención a lo que la otra persona te quiere decir, observa su lenguaje no verbal. No interrumpas lo que te está diciendo, espera a que acabe de hablar. Manifiesta con tus gestos (movimientos de la cabeza, expresiones de la cara…) que la escuchas y sigues lo que te está expresando. Hazle preguntas relacionadas con lo que te manifiesta.

En el siguiente capítulo, que está dedicado exclusivamente a la escucha, te daré más pistas.

2. Muestra comprensión.

En ningún caso juzgues o rechaces sus sentimientos, ella lo está viviendo de esa manera y podrías herir su sensibilidad. Tal vez la situación en la que se encuentra, tú la vivirías de otra manera, pero recuerda, como ya te dije en el anterior libro ***Acaricia tu mundo,*** cada uno de nosotros creamos nuestra realidad y, en ese momento, esa es la suya.

Solo hay que mostrar comprensión y no juzgar. Recuerda que la empatía es ponerse en el lugar del otro.

> *"Si juzgas a la gente, no tienes tiempo de amarla"*
>
> Madre Teresa de Calcuta

Puedes utilizar expresiones como: "Te sentirías muy bien en ese momento", "entiendo como te sientes", "comprendo que actuases de ese modo" o "creo que te sentiste mal ante…". Para mostrar cariño, cercanía y comprensión hay mil palabras.

3. Observa su lenguaje no verbal.

Comprende los mensajes que te está enviando con sus gestos, entonación, tono, volumen…

Una cosa es lo que la persona dice y otra lo que quiere decir. Cuando no hay **congruencia** entre ambos lenguajes, el verdadero siempre es el lenguaje no verbal.

4. Ayúdale emocionalmente.

Ofrécele en todo momento tu ayuda si percibes que lo está necesitando. Le puedes apoyar diciéndole: "Sabes que puedes contar conmigo".

Puedes preguntarle también directamente si necesita algún tipo de ayuda que tú le puedas dar.

> *"La empatía requiere tiempo; la eficiencia es para las cosas, no para la gente".*
>
> Stephen Covey

Seguimos empatizando, amigo caminante. Esto no se acaba aquí. ¡Espera , espera!

Hay otro aspecto que quiero comentarte porque me parece muy interesante para gestionar adecuadamente las emociones y, a la vez, creo que nos ayuda a mejorar.

Te pondré un ejemplo que, casi seguro, te sonará:

Acabas de tener un malentendido, una discrepancia con un compañero de trabajo. Regresas a casa y tu pareja, que te conoce muy bien, nota por tu expresión, por tu forma de saludar, por tu tono de voz… que te ha pasado algo en el trabajo.

En su afán de ayudarte e intentar aliviar ese malestar, pone en práctica lo que se llama la **empatía proyectada.**

¿QUÉ ES LA EMPATÍA PROYECTADA?

Pues nada más y nada menos que **amplificar** todavía más, si cabe, **el malestar que traes contigo. Intensificar con palabras y gestos la emoción que llevas a tus espaldas**.

Expresiones como estas seguro que te sonarán: "Ya te la han vuelto a jugar", "otra vez enfadado", "siempre te pasa lo mismo", "te tomas las cosas a la tremenda"…

¿Me he equivocado? ¿Alguna vez han salido de tu boca estas u otras palabras parecidas?¿Sí? ¿No? ¿Te las han dicho a ti? ¡Uy, uy, uy!

En estas situaciones lo mejor es crear una **EMPATÍA ÚTIL:** escuchar, comprender, acompañar sin herir más…"ponernos en sus zapatos".

> *"Mira con los ojos de otro, escucha con los oídos de otro y siente con el corazón de otro".*
>
> Alfred Adler

Así pues, amigo caminante, tenemos "que ponernos las pilas "para practicar la empatía. Siempre y en todo lugar.

Practicando la empatía **experimentaremos numerosos beneficios**:

- Disfrutaremos más de nuestras relaciones sociales porque nos involucraremos más.

- Nos sentiremos mejor personalmente.

- Aumentará nuestro atractivo personal.

- Seremos más respetuosos.

- Aumentará la consideración que nos tienen los demás.

- Seremos facilitadores y no crearemos conflictos.

Aquí tienes una ingeniosa reflexión de Anthony de Mello:

*"**L**a madre: ¿qué es lo que le gusta a tu novia de ti?*

El hijo: Piensa que soy guapo, inteligente y simpático y que bailo muy bien.

- ¿Y qué es lo que te gusta a ti de ella?

- Que piensa que soy guapo, inteligente y simpático y que bailo muy bien."

Si ya eres de los que tienen un buen grado de empatía, tal vez te veas reflejado en estas características que suelen mostrar las personas empáticas.

Digo <u>suelen tener</u> porque cada uno tenemos "nuestras cadaunadas" y somos "un mundo" lleno de posibilidades.

CARACTERÍSTICAS DE LAS PERSONA EMPÁTICAS:

- Son personas muy **sensibles, amables, desprendidos**, de mente abierta, atentos y saben escuchar. En contrapartida, al ser tan sensibles se pueden sentir heridos y ofendidos con mucha facilidad.

- Suelen ser **introvertidos**. Les gustan las relaciones de tú a tú o en pequeños grupos. Huyen de las multitudes.

- Son las **"esponjas" de las emociones**. Absorben y son capaces de sentir las emociones de la otra persona. Pueden contagiarse de las emociones ajenas tanto positivas como negativas. Con estas últimas hay que tener cuidado.

- Son **más intuitivos** que "el común de los mortales". Suelen hacer caso de sus "corazonadas".

- **Les gusta pasar ratos en soledad** acompañados de ellos mismos.

- Son **amigos de la naturaleza**. Ella los reconforta y los ayuda a conectar con su yo profundo.

- Tienen un **corazón grande** que les hace preocuparse sinceramente por los demás.

¡Qué! ¿Has coincidido con muchas? ¿Te has sentido reflejado en algunas? ¿Crees que me he dejado alguna que tú posees?

¡Perfecto! ¡Me encanta saber que tienes tus "cadaunadas"!

En el mercado, hay una famosa bebida refrescante que en este 2020 ha realizado un "spot" publicitario enfocado a la empatía como medio "para unir a la sociedad y dar respuesta a los retos actuales, invitando a la gente a ser más abierta y comprensiva".

Su lema es: "#SomosAbiertos". Y en los dibujos de las latas de bebida podemos ver manos unidas en diferentes posiciones.

El anuncio muestra una ciudad en la que reinan el ruido y la negatividad. La gente discute fuertemente, lo que produce alteraciones físicas en la calle y los edificios.

Ante tal catástrofe, aparece la protagonista del anuncio preguntándose: *"¿Qué pasaría si todos nos preguntáramos... podré estar yo equivocado? Tal vez el mundo cambiaría a mejor".*

> **"Si no tienes empatía y relaciones personales efectivas, no importa lo inteligente que seas, no vas a llegar muy lejos".**
> Daniel Goleman

La empatía es lo que nos une unos a otros y sostiene una sociedad sana.

Lo cierto es que, aunque hablemos de empatía siguen existiendo algunas personas que emiten "malas vibraciones" y nos trasmiten malas sensaciones.

¿Sospechas de quiénes estoy hablando? ¿No? Te explico...

Son todas esas personas que dejan un rastro negro de pesimismo y negatividad por donde pasan.

Si puedes…¡Huye! Ve lo más lejos que puedas. ¡Nos quieren invadir!

Xavier Molina (psicólogo social) los denomina **"LOS VAMPIROS EMOCIONALES"**.

Todos estos vampiros tienen en común la falta de empatía.

Son egoístas y "chupan" tu energía. Solo te utilizan como "cubo de basura" donde echar toda su negatividad.

¿QUIÉNES SON ESTOS VAMPIROS ANTI-EMPATÍA?

Te los voy a describir con la intención de que si te encuentras con uno o varios de ellos sepas despistarlo.

1. Vampiro CRITICÓN.

Es especialista en criticar, criticar y criticar. Su actitud continua es **poner pegas a todo**, llevarte la contraria. Pero lo peor es que **quiere que te sientas inferior** a él. Es el poseedor de la verdad absoluta y tú no sabes nada. Se muestra muy intransigente en todos los aspectos de la vida.

¡Ojo! ¡Ten cuidado! Te puede arrastrar con él.

2. Vampiro PESIMISTA.

Es el típico que siempre **ve "el vaso medio vacío"**. Es negativo y no pega nada con él eso "de las gafas de color rosa". A él le gustan los tonos grises: gris marengo, gris oscuro, gris claro…

¡Caramba! Puede que se acaben los colores para ti y te vuelvas una persona gris como ellos.

3. Vampiro CATASTROFISTA.

A este ya no le gusta el gris, pasamos directamente al negro. Lleva directamente el **pesimismo al extremo**. Es tremendista, todo tiene tintes apocalípticos. Su tema de conversación favorito son las desgracias y los desastres.

¡Ve "al tanto" que te pueden pegar sus pensamientos paranoicos!

4. Vampiro VICTIMISTA.

Típica persona que está todo el día **quejándose de todo**, de lo bueno porque es bueno y de lo malo porque es malo. Es una víctima de las circunstancias. Por tanto, lo importante es todo lo que le ocurre a él, tus preocupaciones no tienen cabida. No hay espacio para dos.

¡Cuidado con él! Te estancarás en el "papelón" de víctima y no tomarás responsabilidades en la vida.

5. Vampiro AGRESIVO.

Son los dioses de la furia, **reaccionan con violencia**. En el momento que menos te lo esperas, por una nimiedad o tontería se puede "armar un pollo". Tienes que andar con mucho cuidado en lo que dices y haces.

¡Vaya, es todo un desgaste mental y emocional! ¡Nada bueno para tu salud!

6. Vampiro SARCÁSTICO.

Es el **abanderado de la ironía**. Escondido detrás de la broma te lanza "dardos envenenados" e incluso te puede faltar al respeto. Suelen ser crueles con los demás y hacerlos sentir inferiores.

¡Ey, más te vale tener una buena autoestima o te arrastrará por los suelos!

7. Vampiro PUSILÁNIME.

Son los típicos que **"dan pena".** No saben hacer nada y no quieren valerse por sí mismos. Todo les sobrepasa y muestran no poseer las aptitudes para conseguir nada. Suelen pasar bastante desapercibidos, aunque quieren llamar continuamente tu atención.

¡Ve con tiento! Te robarán tu tiempo, tus capacidades y tus aptitudes para quedarse con ellas.

Muchos de estos vampiros actúan de forma inconsciente, no se reconocen en estas actitudes. No se dan cuenta de los daños que provocan en las personas de su alrededor.

Es decisión tuya tomar medidas para mejorar tu bienestar personal. Si no consigues un cambio en la persona, otra opción es "poner tierra de por medio".

¡Vaya, vaya! ¡Cuántas cosas hemos aprendido en poco rato! ¿Eh? Amigo caminante, no te despistes, vive alerta para que la corriente no te arrastre a un desastre personal.

¡ÚNETE Y VIVE AL LADO DEL GRAN PODER DE LA EMPATÍA!

Amigo caminante, hasta aquí ha llegado nuestro recorrido por el sendero de la empatía. De aquí en adelante no dejes de disfrutar de ella.

En un momento nos volvemos a encontrar. ¡Disfruta de la vida, disfruta de las personas a las que quieres y te quieren! ¡Disfruta de ti!

RESUMIENDO... **¿QUÉ ES LA EMPATÍA?**

✓ La empatía "la llevas de serie", está programada genéticamente en tu cerebro.

✓ Es la capacidad de relación entre dos personas caracterizada por el respeto y la confianza.

✓ Es la capacidad de comprender los pensamientos y sentimientos de la otra persona.

✓ ¿Qué puedes hacer para ser empático? Escuchar atentamente, mostrar comprensión, observar el lenguaje no verbal y ayudarle emocionalmente.

✓ Existen dos tipos de empatía: proyectada y útil.

✓ ¡Ten cuidado con los vampiros anti-empatía!

Criticón, pesimista, catastrofista, victimista, agresivo, sarcástico y pusilánime.

5

ESCUCHAR... ¿QUÉ DICES?

Amigo caminante, ya estamos aquí los dos. Gracias por seguir adelante. Nos encontramos en este nuevo capítulo en el que vamos a hacer una incursión en el mundo de la ESCUHA.

En el anterior capítulo hablamos de lo importante que es la empatía en nuestra comunicación; la escucha también es clave para poder comprender y crear un buen clima con las personas que compartimos nuestra vida.

Como ya hemos comentado con anterioridad, comunicar no solo es hablar. Además el hablar no te garantiza que te escuchen. Son acciones diferentes. Hablamos para ser escuchados y en esa acción de escuchar existen muchas categorías.

Cuando estamos en una conversación, puede ser que la otra persona o tú, aparentemente, estés escuchando y lo único que estas haciendo es **OÍR** al que habla. Estás físicamente delante del otro y mentalmente estás en tus conflictos y pensamientos, eso no es escuchar. Estás esperando que acabe de hablar para introducirte en la conversación con tus preocupaciones y tu mundo interior sin haber escuchado al otro.

¿Qué te parece? Estoy segura de que te ha pasado en más de una ocasión. Has notado que la otra persona no te estaba entendiendo. ¿Cómo te has sentido? ¿Insatisfecho? ¿Incomprendido? ¿Descolocado? ¿Engañado? Estoy segura de que estas y otras muchas más emociones te han invadido y te han dejado un enorme malestar.

Si a ti te ha molestado esta actitud, piensa en cuántas ocasiones has podido ser tú el causante de esa insatisfacción en otras personas. Si tú te has sentido mal... **El otro tiene el mismo derecho que tú a sentirse mal.**

No tienes la intención de comprender los pensamientos o sentimientos de tu interlocutor. **Oyes solo para responder y mantener tus puntos de vista.**

Tú te has dado cuenta y la otra persona también. La próxima vez... tal vez le cueste abrirte su corazón. Y tal vez a ti también te cueste abrir el tuyo por cómo te has sentido en otras ocasiones.

> *"No esperes que te toque el turno de hablar,*
> *escucha de veras y serás diferente".*
>
> Charles Chaplin

Cada uno de nosotros, como ya expliqué en el libro anterior, en el capítulo de **Somos creadores de nuestra realidad**, tenemos nuestra percepción del mundo, nuestra historia personal, nuestras interpretaciones, nuestras creencias...y esto está presente en nuestra comunicación. Si solo oímos, no dejamos de lado todo nuestro mundo para comprender y entrar en el mundo de la otra persona.

Existe una gran distancia ente oír y escuchar. Si solo oímos, llenamos esa distancia que existe hasta el escuchar con nuestras interpretaciones y nuestro diálogo interno. Una cosa es lo que la persona dice y otra es lo que la otra escucha desde su interpretación. Por tanto, en ocasiones, pensamos que estamos escuchando a la persona y lo que realmente estamos haciendo es escucharnos a nosotros mismos.

Como muy bien dice Rafael Echeverría en su obra *Ontología del Lenguaje*, **"cada cual dice lo que dice y escucha lo que escucha".**

Te contaré una anécdota estudiantil. Yo les explicaba a los alumnos la importancia de tener los apuntes ordenados y clasificados por materias. A según qué edades el orden "brilla por su ausencia", son más de meter las cosas donde caigan y sin ningún tipo de consideración. Después vienen los "lo he perdido", "no sé donde está", "yo lo guardé" y un sinfín de cosas más... ¡A lo que iba!

Después de esta recomendación propuse la idea de que se comprarán un **clasificador,** que es una carpeta con separadores para colocar los apuntes por materias. Dado el mensaje solo cabía esperar la llegada del utensilio.

A la mañana siguiente se me acerca, muy sonriente, una alumna y me dice:

- "Señorita, me he comprado un **sacrificador** como tú dijiste".

Mi respuesta fue: - "¿Un sacrificador?"

Ella respondió muy convencida: "Sí, tú dijiste que nos compráramos uno para tener las hojas bien **sacrificadas**".

¡Así son las cosas! Todavía me río cuando recuerdo esta anécdota. ¡Fue muy divertida!

Existen otra serie de causas por las que las personas no escuchamos porque, además de tener nuestro mundo, le damos la interpretación que le damos. Es el caso de **las personas que escuchan solo lo que quieren escuchar**. Solo atienden cuando es para confirmar lo que ellas piensan, saben o creen. Lo que no se ajuste a sus principios es totalmente desoído.

Hay otro tipo de **personas que piensan que ellas tienen la "verdad absoluta"** y no tienen ningún tipo de interés en la comunicación si ellas no son el único centro de atención. Son los que se podrían llamar **"narcisistas comunicativos".**

Tampoco debemos desdeñar a las personas que encierran en su interior **la rabia contenida** y que se escapa en esos momentos de diálogo. Esa rabia contenida, por los motivos que sean o por un mal momento, invade la conversación y aleja la escucha desde el corazón.

No olvidemos a los **"charlatanes",** los que hablan y hablan y tú no tienes ningún interés para ellos, solo importa su charlatanería, su incontinencia verbal. No pueden escuchar. No les importamos.

> *"La primera virtud es frenar la lengua, y es casi un dios quien teniendo razón sabe callarse".*
>
> Catón el Cens

Amigo caminante, ¿no te habrás sentido identificado en algún tipo de personas como las que te acabo de mencionar, no?

Aunque así fuera, tienes una "oportunidad de oro" para cambiar. Ahora ya eres un poco más consciente de lo importante que es la escucha y todavía lo serás más cuando acabemos este capítulo. ¡Ánimo, lo conseguirás! ¡Tú puedes!

> *"Así como hay un arte de bien hablar, existe un arte de bien escuchar".*
>
> Epicteto.

Tú y yo queremos practicar y movernos en el máximo nivel de escucha, **la escucha empática**. Pero vamos paso a paso, sin saltarnos ningún escalón. Todavía queda alguno para llegar a nuestra meta.

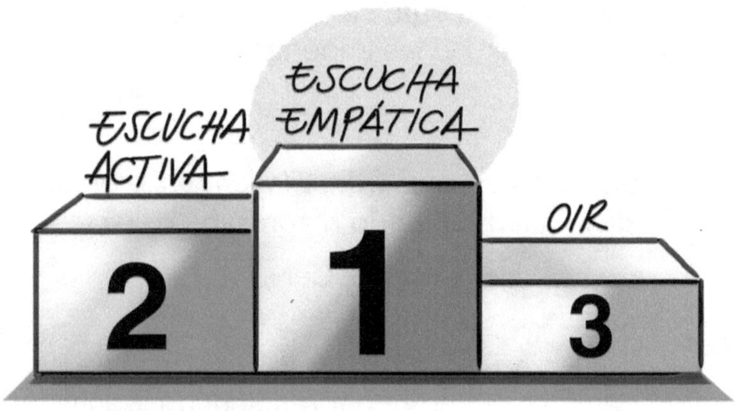

Antes te ofrezco esta fábula, de autor que yo desconozco, en la que se puede captar la diferencia entre oír y escuchar. ¡Así le va al pobre herrero!

"LA FÁBULA DEL HERRERO"
O la importancia de escuchar.

"*El herrero del pueblo contrató a un aprendiz dispuesto a trabajar duro por poco dinero. El muchacho era joven, alto y muy fuerte, aunque un poco despistado. Era obediente y hacía las tareas que le encomendaban, pero se equivocaba a menudo y tenía que repetirlas porque prestaba muy poca atención a las instrucciones que el herrero le daba.*

Al herrero esto le molestaba un poco, pero pensaba: Lo que yo quiero no es que me escuche cuando le doy una explicación, sino que acabe haciendo el trabajo y que me cueste muy poco dinero.

Un día, el herrero dijo al muchacho:

- Cuando yo saque la pieza del fuego, la pondré sobre el yunque; y cuando te haga una señal con la cabeza, golpéala con todas tus fuerzas con el martillo.

El muchacho se limitó a hacer exactamente lo que había entendido, lo que creía que el herrero le había dicho. Y ese día el pueblo se quedó sin herrero, fallecido por accidente a causa de un espectacular martillazo en la cabeza".

¿Cuántas veces te has arrepentido de algo por no haber escuchado? ¿Con tus hijos? ¿Con tu pareja? ¿Con tu familia? ¿En tu trabajo? ¿Con tus amigos? Podemos perder la cabeza como el herrero por no escuchar. ¿Merece la pena? ¿Cuántas cabezas, sin pretenderlo, has cortado? ¿Quieres seguir así? ¡Existen más posibilidades! ¿Te apuntas?

Espera, espera que te cuento un **chiste**.

"**U**n hombre va al otorrinolaringólogo.

Mire doctor vengo porque tengo un problema.

- ¿Qué le ocurre?

- Que mi esposa está mal del oído, no oye muy bien.

- Y ¿dónde está su esposa?

- Aquí está el problema doctor, que no quiere venir, que dice que son manías mías, que yo estoy loco, que ella está bien.

- Pero si no me trae a su esposa, ¿cómo quiere que le haga un diagnóstico?

- Doctor, piense algo, porque estamos a punto de separarnos y yo la quiero mucho y no desearía perderla.

- Mire..., no sé,... lo único que se me ocurre es que cuando usted llegue a casa la llama por su nombre y la va llamando mientras se acerca hasta que ella le oiga y cuando ella le conteste, mide la distancia que hay entre usted y ella y así podré saber el grado de sordera que ella padece.

- ¡Gracias doctor ha salvado usted un matrimonio!

El tío llega a casa y nada más abrir la puerta grita:

¡AMPARO...!

Silencio.

Pasa al recibidor y vuelve a gritar: ¡AMPARO....! Nada.

Desde el pasillo de nuevo: ¡AMPARO...! Nada.

Entra en el salón e insiste: ¡AMPARO...! Silencio total.

Por fin entra en la cocina, la mujer estaba preparando un guiso y se coloca a la espalda de ella, a un palmo del cogote y grita: ¡AMPARO...!

Y ella le dice:

- ¿Qué quieres? ¡te he contestado cuatro veces ya, hombre!".

Ya hemos subido el primer escalón: OÍR. Ahora vamos al **segundo:** escuchar activamente. Lo que se denomina la **ESCUCHA ACTIVA o EFECTIVA.**

¿QUÉ ES LA ESCUCHA ACTIVA?

La escucha activa **es una habilidad** que se adquiere con la práctica. Consiste en escuchar de manera activa y **utilizando distintas técnicas de reflejo. Es estar presente, concentrado en el mensaje que la otra persona** intenta comunicar.

Es estar centrado en el mensaje verbal y en el no verbal que utiliza nuestro interlocutor. Es una fase importante, ¡ojalá todos pudiéramos presumir de encontrarnos aquí! "¡Otro gallo cantaría!".

Este concepto fue acuñado por Carl Rogers, psicólogo estadounidense, cuando desarrolló su teoría de la personalidad a mediados del s. XX.

Carl Rogers muestra **la escucha como "la cualidad de provocar cambios en la vida de los demás".** Cambios a nivel de confianza, seguridad, cercanía y empatía.

> *"Escucha, serás sabio. El comienzo de la sabiduría es el silencio"*
>
> Pitágoras.

La escucha activa es más que oír, pero menos que la escucha empática. Piensa que solo estamos en el segundo escalón.

¿Quieres mejorar tu escucha activa? ¿Quieres dejar de oír y unirte al club de los "escuchadores"? Si es así, sígueme que te cuento…

> *"Sé buen oidor y no gran hablador"*.
>
> Cleóbulo de Lindos.

Te voy a dar unas pautas para generar una escucha activa, tanto a nivel verbal como a nivel no verbal.

Pautas verbales:

1. Parafrasear.

Consiste en repetir con sus propias palabras o muy similar lo que la otra persona acaba de decir. También se pueden utilizar fórmulas como: ¿Quieres decir que…? Si he comprendido bien, lo que quieres decir es…

Parafraseando consigues que la otra persona pueda rectificar su mensaje si no lo has entendido bien, y además consigues efectos casi milagrosos. Cuando uno escucha lo que acaba de decir, se siente comprendido.

Ejemplo. Una jovencita de 14 años le dice a su madre:

- Mamá no quiero seguir estudiando.

A lo que su madre parafraseando puede contestar:

- ¿Lo que me estás diciendo es que no quieres seguir estudiando?. O también podría decirle:

- ¿Quieres decir que no quieres seguir estudiando?

Cualquier cosa menos arremeter contra la jovencita que se nos cerrará en banda si no la escuchamos porque le damos consejos, la evaluamos, la criticamos o le damos explicaciones lógicas que en ese momento no tiene la capacidad de escuchar.

¡Uy, uy, uy! Esta cuestión no nos toca analizarla ahora.

Ejemplo. Un amigo te dice que quiere dejar el trabajo porque se siente muy presionado.

Tú puedes repetir lo que él ha dicho para que se sienta escuchado: - Así que estás pensando dejar el trabajo. Y te digo lo mismo que antes, nada de consejos, evaluaciones...escucha. Si comienzas a decirle que está loco por dejar un trabajo fijo, un sueldo, a plantearle dudas de si encontrará otro trabajo que le guste a su edad y cosas parecidas...ya se acabó la comunicación.

Se ha roto el vínculo de confianza y respeto. Le has invadido su terreno sin previo aviso y sin que él te lo pida. Espera, tiene que aclararse y tú estás para eso. ESCUCHA.

> *"Se necesita coraje para pararse y hablar. Pero mucho más para sentarse y escuchar".*
>
> Winston Churchill

2. Reconocer con refuerzos positivos.

El interlocutor siente que refuerzas su pensamiento. Frases como: "Lo hiciste muy bien", "me gusta tu sinceridad", "debes ser muy bueno en tu trabajo" muestran que estás escuchando sinceramente.

3. Recapitular o resumir.

Recapitulando se genera sintonía. Es devolver lo que la otra persona acaba de decir con una breve introducción: "Entiendo que lo que me estás diciendo es que...". No se trata de repetir como un loro lo que dice la otra persona sino de realizar de manera coordinada estas tres acciones:

a. Resumir de manera sencilla y breve.

b. Hacer hincapié en lo esencial del mensaje.

c. Devolver el mensaje de una manera organizada.

4. Reconocer con palabras.

Palabras tan sencillas como: ¡Vaya!, claro, lógico, ajá, ya veo, desde luego, ¡ah!, sí…

Estas simples expresiones, unidas a una actitud adecuada, son una invitación para que tu interlocutor explore sus palabras, ideas y sensaciones.

Recuerdo una anécdota que me pasó con un estudiante de 13 años, aproximadamente. Tenía clase en ese grupo y me dirigía allí. Mientras entraba por la puerta veo que un alumno se tira al suelo, casi a mis pies. Yo no me preocupé porque cuando ya estaba en el suelo lucía una expectante sonrisa y sus ojos me miraban fijamente.

Yo podía haber reaccionado de muchas maneras y elegí la que yo creí que era la más cercana a lo que él estaba esperando de mí.

Mi respuesta fue un "¡Olé!", acompañado de una sonrisa y a la vez una cara de expectación.

Enseguida el alumno me dijo: -"Quiero ser actor de culebrones y estoy ensayando cómo desmayarme. ¿Cómo me ha salido?".

Ante mi asombro real le dije:

-"Muy bien. Me he asustado. Tienes un buen futuro como actor".

Si al entrar en la clase lo hubiera increpado para que dejara de hacer tonterías y se levantara del suelo hubiera perdido la gran oportunidad de entender qué es lo que me quería decir.

Se hubiera roto cualquier tipo de conexión con ese alumno al no valorarle esa actuación que me estaba dedicando. Toda la clase aplaudió la escena y continuamos con una sensación de tranquilidad y respeto.

> *"Las palabras amables pueden ser cortas y fáciles de decir, pero sus ecos son realmente infinitos".*
>
> Madre Teresa de Calcuta

5. Preguntar.

Preguntando se demuestra que estás atento a la conversación y que tienes interés por lo que te están diciendo. Si realizas preguntas abiertas le das la oportunidad a la persona de ampliar su historia ya que no tiene que contestar solo con un monosílabo: sí o no. Demuestras que estás interesado en su relato y hay más capacidad de empatizar.

> *"Tenemos dos oídos y una boca para escuchar el doble de lo que hablamos".*
>
> Epícteto

El mundo de la docencia está lleno de anécdotas y con los años va aumentando la lista. Esta que contaré ahora le sucedió a un compañero que impartía la asignatura de Sociales y había puesto un examen.

Una de las preguntas era: "¿Qué es el relieve?". Y la contestación del alumno fue: "Que no va". El profesor no entendía esta respuesta y fue a hablar con el alumno para que le explicara qué quería decir.

El profesor le preguntó: -"¿Me puedes explicar qué quieres decir con que no va?".

A lo que el alumno respondió: -"Sí profesor. Mi padre es taxista y cuando lo "relievan", no va".

¡Genial! En ningún momento me lo hubiese podido imaginar.

Pautas no verbales:

1. **Dirigir tu mirada a los ojos**. Mantener contacto visual.

   Muestra interés y sinceridad hacia tu interlocutor.

2. **Postura corporal.**

Si estamos escuchando atentamente, nuestro cuerpo tenderá a acercarse e inclinarse hacia el interlocutor.

3. **Expresiones faciales.**

Las distintas expresiones faciales demuestran interés. Sonreír cuando se crea oportuno para que la otra persona se sienta tranquila y en confianza. Mostrar preocupación, tristeza, alegría, entusiasmo... que acompaña a la persona en sus propios sentimientos.

4. **Movimientos corporales.**

Estos movimientos pueden ser tanto con la cabeza como con las manos.

5. **No interrumpir.**

Las interrupciones pueden incomodar a la otra persona y hacerle perder el hilo de su discurso. Espera a que termine para incorporarte tú a la conversación.

> *"Lo más importante de la comunicación es escuchar lo que no se dice".*
>
> Peter Ferdinand Drucket

¿Cómo vas, amigo caminante? Como has podido comprobar el mundo de la escucha es un mundo maravilloso lleno de retos y posibilidades para nuestro crecimiento como personas.

Te voy a amenizar la lectura con otro **chiste**.

"Una mujer preocupada porque su esposo no le contesta, decide llevarlo al médico. La mujer habla con él y le dice:

- Doctor, le hablo a mi esposo y él no me responde. Creo que tiene un grave problema auditivo.

El doctor examina al hombre, luego sale y le dice a la señora:

- Señora, su esposo tiene "Otitis testicular".

- ¿Y qué quiere decir eso, doctor?

- Que su esposo la escucha, pero le importa un huevo lo que usted le dice".

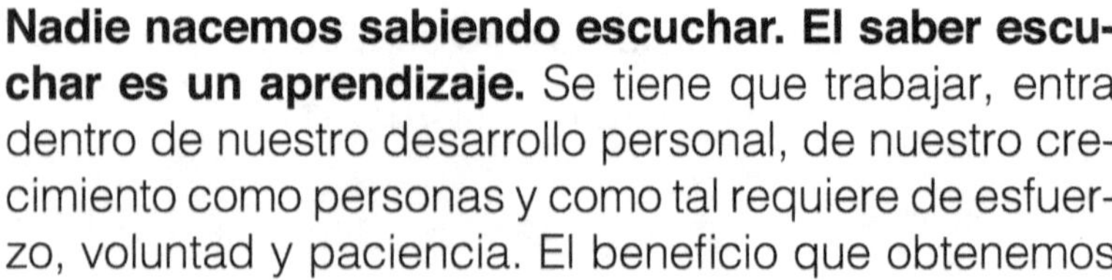

Nadie nacemos sabiendo escuchar. El saber escuchar es un aprendizaje. Se tiene que trabajar, entra dentro de nuestro desarrollo personal, de nuestro crecimiento como personas y como tal requiere de esfuerzo, voluntad y paciencia. El beneficio que obtenemos al sentirnos escuchados nos debe animar para ir creciendo y desarrollando en nosotros esta capacidad.

Antes de acabar este apartado de la escucha activa o efectiva quiero señalarte unos **"enemigos"** que existen en cada uno de nosotros y que nos impiden escuchar. En algún momento ya los he nombrado pero quiero hacerlos más explícitos para que nos demos cuenta de lo importantes que son. Estos enemigos o dificultades son varios.

Empecemos por nuestras **creencias**. Las nuestras que, como ya sabes, no tienen que ser las de los otros. Y escuchar a alguien que no tiene las mismas nos puede crear incomodidad y rechazo. Pero si centramos nuestra atención en la persona y su mensaje se alejará ese impedimento.

Las **expectativas** también suponen una barrera. Pensamos que ya sabemos por dónde va a ir la conversación, cuál va a ser su camino y, ¡como no! su final. Lo único que conseguimos es desconectar del tema importante que nos están transmitiendo.

Otro impedimento es la **actitud**. Hemos de intentar estar presentes aunque el interlocutor no sea de nuestro agrado. Él lo notará. Hemos de trabajar con la práctica, y qué mejor ocasión que cuando no nos interesa tener la conversación. Paciencia y esfuerzo.

Y muy unido a esta, está la **aptitud**, con "p", la capacidad. Todos no poseemos la misma capacidad. A unos nos gusta más escuchar y a otros hablar pero, como te acabo de decir, el entrenamiento es primordial.

Para acabar este apartado de la escucha activa o efectiva te propongo que leas este cuento de nuestro amigo Jorge Bucay.

"EL CUENTO DE LA SOPA"

"Estaba una señora sentada sola en la mesa de un restaurante, y tras leer la carta decidió pedir una apetitosa sopa en la que se había fijado.

El camarero, muy amable, le sirvió el plato a la mujer y siguió haciendo su trabajo. Cuando este volvió a pasar cerca de la señora esta le hizo un gesto y rápidamente el camarero fue hacia la mesa.

- ¿Qué desea, señora?

- Quiero que pruebe la sopa.

El camarero, sorprendido, reaccionó rápidamente con amabilidad, preguntando a la señora si la sopa no estaba rica o no le gustaba.

- No es eso, quiero que pruebe la sopa.

Tras pensarlo un poco más, en cuestión de segundos el camarero imaginó que posiblemente el problema era que la sopa estaría algo fría y no dudó en decirlo a la mujer, en parte disculpándose y en parte preguntando.

- Quizás es que esté fría señora. No se preocupe, que le cambio la sopa sin ningún problema...

- La sopa no está fría. ¿Podría probarla, por favor?

El camarero, desconcertado, dejó atrás la amabilidad y se concentró en resolver la situación. No era de recibo probar la comida de los clientes, pero la mujer insistía y a él ya no se le ocurrían más opciones. ¿Qué le pasaba a la sopa? Lanzó su último cartucho:

- Señora, dígame qué ocurre. Si la sopa no está mala y no está fría, dígame qué pasa y si es necesario, le cambio el plato.

- Por favor, discúlpeme pero he de insistir en que si quiere saber qué le pasa a la sopa, solo tiene que probarla.

Finalmente, ante la petición tan rotunda de la señora, el camarero accedió a probar la sopa. Se sentó un momento junto a ella en la mesa y alcanzó el plato de sopa. Al ir a coger la cuchara, echó la vista a un lado y otro de la mesa, pero... no había cuchara. Antes de que pudiera reaccionar, la mujer sentenció:

- ¿Lo ve? Falta la cuchara. Eso es lo que le pasa a la sopa, que no me la puedo comer."

Muchas veces pretendemos que nos entiendan con indirectas, dando rodeos, adivinando lo que nos pasa...de esta manera estamos poniendo dificultades innecesarias y obstaculizando la comunicación.

¿En alguna ocasión te has comportado como la señora de la sopa? ¿Qué pretendías conseguir? ¿Lo has conseguido? ¡No compliquemos lo sencillo, saldremos ganando!.

Amigo caminante, vamos a subir un escalón más. Llegamos a **LA ESCUCHA EMPÁTICA.** ¿Te apuntas? ¡Vamos! ¡Es todo un reto!

¿QUÉ ES LA ESCUCHA EMPÁTICA?

> *"Si vas a escuchar a alguien, que tu corazón no esté dormido".*
>
> Martha Sialer

La escucha empática es el último escalón de la escucha. Esta no se centra en el mensaje, en acompañar a tu interlocutor con el lenguaje verbal o no verbal como la escucha activa.

La escucha empática se centra en **COMPRENDER,** no solo en escuchar.

> *"Procure primero comprender antes de ser comprendido".*
> Stephen R. Covey

La escucha empática es un **acto de amor** hacia la otra persona. Escuchamos desde la mente y el corazón, a la mente y al corazón del otro. Lo escuchamos desde lo más profundo de nuestro ser, desde nuestro interior.

> *"No quiero escuchar únicamente lo que dices. Quiero sentir lo que quieres decir".*
> Hugh Prather

En este tipo de escucha no hay cabida a los juicios, creencias, expectativas... Lo más importante es el otro y yo me olvido de mí. Es la escucha de los sentimientos y no solamente de las palabras.

Si la escucha activa ya poseía la capacidad de transformación de la persona, la escucha empática transforma sí o sí. Es tal su poder de transformación que cambia al comunicador y al "escuchador" porque la unión se realiza desde la profundidad del ser, desde lo genuino de la persona.

En este tipo de comunicación, en ocasiones, no es necesario ni que se hable. A veces sobran las palabras.

Escuchar de manera empática lleva su tiempo, pero no tanto como intentar resolver cuestiones que han quedado enquistadas por falta de comprensión.

Partimos de "mundos" diferentes, de realidades diferentes que cada uno nos hemos creado a nuestra medida. Pero intentamos que esas diferencias nos den una nueva luz. Intentamos ver "la realidad desde su realidad" y así saldremos enriquecidos y traspasaremos los muros que nos pueden separar.

SIEMPRE HEMOS DE INTENTAR COMPRENDER.

Y después, procuraremos ser comprendidos.

No podemos esperar que nos comprendan cuando nosotros no queremos hacer el esfuerzo de comprender al otro. Es egoísta e infantil. Siempre pensamos que el otro es el que tiene que dar el primer paso y cuando lo dé, yo me pensaré si también lo doy.

Estamos equivocados y así no avanzaremos. Nos engañamos a nosotros mismos. Nos hacemos la ilusión de que tenemos "la razón". Hay que ser muy valiente para aceptar la verdad.

> *"Tu verdad aumentará en la medida que sepas escuchar la verdad de los otros".*
>
> Martin Luther King

Cuanto más nos olvidamos de nosotros mismos y comprendemos y respetamos a los demás, más amamos de verdad. Todo lo demás son "historias" que nos montamos para escapar de la realidad de que solo nos queremos a nosotros mismos.

> *"Tocar el alma de otro ser humano es caminar por tierra sagrada".*
>
> Stephen R. Covey

¡Qué!, amigo caminante ¿Satisfecho? ¿Confuso? ¿Pensativo? ¿Aturdido? Estoy segura de que un poco de todo y alguna emoción más que me dejo por el camino. ¡Eso es bueno! Es señal de que quieres crecer y te sientes interpelado. ¡Ánimo!

Y ya sabes, **¡AMA SIN ESPERAR NADA A CAMBIO!**

Para acabar este estupendo capítulo, te regalo este hermoso cuento de Mamerto Menapace. ¡Léelo con tranquilidad! ¡Saboréalo y disfruta de él!

"LA CIUDAD DE LOS POZOS"

"*Esta ciudad no estaba habitada por personas, como todas las demás ciudades del planeta. Esta ciudad estaba habitada por pozos. Pozos vivientes... pero pozos al fin.*
Los pozos se diferenciaban entre sí, no sólo por el lugar en el que estaban excavados sino también por el brocal (la abertura que los conectaba con el exterior). Había pozos pudientes y ostentosos con brocales de mármol y de metales preciosos; pozos humildes de ladrillo y madera y algunos otros más pobres, con simples agujeros pelados que se abrían en la tierra.

La comunicación entre los habitantes de la ciudad era de brocal a brocal y las noticias cundían rápidamente, de punta a punta del poblado.

Un día llegó a la ciudad una «moda» que seguramente había nacido en algún pueblito humano: La nueva idea señalaba que todo ser viviente que se precie debería cuidar mucho más lo interior que lo exterior. Lo importante no es lo superficial sino el contenido.

Así fue como los pozos empezaron a llenarse de cosas. Algunos se llenaban de joyas, monedas de oro y piedras preciosas. Otros, más prácticos, se llenaron de electrodomésticos y aparatos mecánicos. Algunos más, optaron por el arte, y fueron llenándose de pinturas, pianos de cola y sofisticadas esculturas posmodernas. Finalmente los intelectuales se llenaron de libros, de manifiestos ideológicos y de revistas especializadas.

Pasó el tiempo. La mayoría de los pozos se llenaron hasta tal punto que ya no pudieron incorporar nada más. Los pozos no eran todos iguales, así que, si bien algunos se conformaron, hubo otros que pensaron que debían hacer algo para seguir metiendo cosas en su interior...

Alguno de ellos fue el primero: En lugar de apretar el contenido, se le ocurrió aumentar su capacidad ensanchándose. No pasó mucho tiempo antes de que la idea fuera imitada, todos los pozos gastaban gran parte de sus energías en ensancharse para poder hacer más espacio en su interior.

Un pozo, pequeño y alejado del centro de la ciudad, empezó a ver a sus camaradas ensanchándose desmedidamente. Él pensó que si seguían hinchándose de tal manera, pronto se confundirían los bordes y cada uno perdería su identidad...

Quizás a partir de esta idea se le ocurrió que otra manera de aumentar su capacidad era crecer, pero no a lo ancho sino hacia lo profundo. Hacerse más hondo en lugar de más ancho. Pronto se dio cuenta de que todo lo que tenía dentro de él le imposibilitaba la tarea de profundizar. Si quería ser más profundo debía vaciarse de todo contenido...

Al principio tuvo miedo al vacío, pero luego, cuando vio que no había otra posibilidad, lo hizo. Vacío de posesiones, el pozo empezó a volverse profundo, mientras los demás se apoderaban de las cosas de las que él se había deshecho...

Un día, sorpresivamente el pozo que crecía hacia adentro tuvo una sorpresa. Adentro, muy adentro, y muy en el fondo encontró agua...

Nunca antes otro pozo había encontrado agua... El pozo superó la sorpresa y empezó a jugar con el agua del fondo, humedeciendo las paredes, salpicando los bordes y por último sacando agua hacia fuera. La ciudad nunca había sido regada más que por la lluvia, que de hecho era bastante escasa, así que la tierra alrededor del pozo, revitalizada por el agua, empezó a despertar.

Las semillas de sus entrañas brotaron en pasto, en tréboles, en flores, y en tronquitos endebles que se volvieron árboles despues... La vida explotó en colores alrededor del alejado pozo al que empezaron a llamar "El Vergel". Todos le preguntaban cómo había conseguido el milagro.

- Ningún milagro – contestaba "El Vergel" – hay que buscar en el interior, hacia lo profundo...

Muchos quisieron seguir el ejemplo de "El Vergel", pero desandaron la idea cuando se dieron cuenta de que para ir más profundo debían vaciarse. Siguieron ensanchándose cada vez más para llenarse de más y más cosas...

En la otra punta de la ciudad, otro pozo, decidió correr también el riesgo del vacío... Y también empezó a profundizar... Y también llegó al agua... Y también salpicó hacia fuera creando un segundo oasis verde en el pueblo...

- ¿Qué harás cuando se termine el agua? – le preguntaban.

- No sé lo que pasará – contestaba.

- Pero, por ahora, cuánta más agua saco, más agua hay.

Pasaron unos cuantos meses antes del gran descubrimiento. Un día, casi por casualidad, los dos pozos se dieron cuenta de que el agua que habían encontrado en el fondo de sí mismos era la misma... Que el mismo río subterráneo que pasaba por uno inundaba la profundidad del otro.

Se dieron cuenta de que se abría para ellos una nueva vida. No solo podían comunicarse, de brocal a brocal, superficialmente, como todos los demás, sino que la búsqueda les había deparado un nuevo y secreto punto de contacto:

La comunicación profunda que solo consiguen entre sí, aquellos que tienen el coraje de vaciarse de contenidos y buscar en lo profundo de su ser lo que tienen para dar..."

Amigo caminante, gracias por compartir conmigo este rato. Nos volvemos a encontrar cuando tú puedas o quieras. ¡Hasta pronto!

RESUMIENDO... **¿QUÉ ES ESCUCHAR?**

- ✓ Puedes oír, escuchar de manera activa y escuchar de manera empática.

- ✓ La escucha activa es una habilidad que obtendrás con la práctica. Utiliza técnicas de reflejo. Concéntrate en el mensaje de la otra persona.

- ✓ Las técnicas que puedes utilizar en la escucha activa son: parafrasear, reconocer con refuerzos positivos, resumir y asentir con palabras sencillas.

- ✓ La escucha empática se centra en comprender. Es escuchar los sentimientos del otro. Es un acto de amor hacia él.

- ✓ En este tipo de escucha no hay cabida a los juicios, creencias o expectativas personales.

6

LOS CUATRO JINETES DE LA APOCALIPSIS

¡Qué alegría! Bienvenido a este nuevo capítulo. ¡Me encanta que nos volvamos a encontrar!

¿Cómo va tu actitud de escucha?¿Ya has puesto en práctica algún aspecto de la escucha activa? Ya sabes que a lo largo del día tienes muchas oportunidades para practicar. Al principio te costará pero, poco a poco, irás adquiriendo maestría y te resultará sencillo.

Lo conseguirás si pones la intención y practicas a menudo con las personas más cercanas. Como ya te he dicho en muchas ocasiones, **la práctica es fundamental, si no todo se quedará en "papel mojado" o como también dicen en "agua de borrajas". La práctica es lo que marca la diferencia entre donde**

estás ahora en tu crecimiento personal y la persona que puedes llegar a ser.

¡No lo dejes para mañana! Porque el mañana nunca llegará y estarás perdiendo grandes oportunidades de crecimiento personal del que se beneficiarán todas las personas que estén a tu lado. Crecerás tú y también ellas. Si no lo haces por ti, piensa en todo lo que les estás negando a todas esas personas. **¡No te limites, comprométete contigo mismo y haz crecer a todos los que te rodean!**.

Amigo caminante, me imagino que con este título te es un poco difícil saber de qué va a tratar este capítulo. ¡Lo sé! Es un poco apocalíptico, ¿no? Ja, ja...

Los cuatro jinetes de la Apocalipsis son las cuatro actitudes negativas que solemos adoptar en nuestras relaciones y, por tanto, en nuestra comunicación.

Déjame que te explique brevemente esta palabra tan enigmática: **apocalipsis**. En sentido amplio y metafórico significa un suceso catastrófico. Has de saber también que es el último libro de la Biblia, del Nuevo Testamento. Y, por último, quiero que sepas que la palabra apocalipsis proviene del latín *"apocalypsis"* y esta del griego *"apokálysis"* y significa **REVELACIÓN**.

Los cuatro jinetes son simbólicos y cada uno representa un mal para el mundo, excepto uno de ellos. Los jinetes montan caballos de distintos colores: blanco , negro, bayo y rojo.

Así pues, este capítulo va a tratar de todo esto que te he explicado: es un suceso **catastrófico** que por nuestras relaciones personales cabalguen los jinetes apocalípticos montados en sus caballos; y, por otra parte, es un capítulo **revelador** porque de este modo tendremos la oportunidad de descubrir, distinguir y reflexionar sobre esas actitudes en nuestras vidas.

Pensarás: ¡Déjate de tanto caballo y tanto jinete y vamos "al grano"! Sí… ya voy, no te impacientes.

LOS CUATRO JINETES DE LA COMUNICACIÓN

1. El caballo bayo (blanco amarillento) lo monta **la actitud defensiva.**

2. El caballo negro lo monta **la actitud negativa**.

3. El caballo rojo lo monta **la actitud de soberbia**.

4. El caballo blanco lo monta **la actitud de exceso de confianza.**

Ya se ha resuelto el enigma, ahora vamos a profundizar en cada una de estas actitudes para conseguir el objetivo de mejorar nuestras relaciones y nuestra comunicación.

Estas actitudes, sin duda, provocan una forma de comportamiento en nosotros que repercute en los otros. Nos van aislando y alejando de los demás. Y, a su vez, tú también te alejas de los que las manifiestan contigo.

Estas actitudes lo que intentan es tapar inseguridades, miedos, resentimientos...

¡Uy! ¡Espera, espera! Antes de comenzar nuestro paseo a caballo te dejo con un estupendo cuento de Jorge Bucay.

"DARSE CUENTA"

"*Me levanto una mañana, salgo de mi casa, hay un pozo en la vereda, no lo veo y me caigo en él.*

Al día siguiente, salgo de mi casa, me olvido de que hay un pozo en la vereda, y vuelvo a caer en él.

Tercer día: salgo de mi casa tratando de acordarme de que hay un pozo en la vereda, sin embargo no lo recuerdo, y caigo en él.

Cuarto día: salgo de mi casa tratando de acordarme del pozo en la vereda, lo recuerdo, y a pesar de eso, no lo veo y caigo en él.

Quinto día: salgo de mi casa, recuerdo que tengo que tener presente el pozo en la vereda y camino mirando al suelo, y lo veo y a pesar de verlo, caigo en él.

Sexto día: salgo de mi casa, recuerdo el pozo en la vereda, voy buscándolo con la vista, lo veo, intento saltarlo, pero caigo en él.

Séptimo día: salgo de mi casa y veo el pozo, tomo carrera, salto, rozo con las puntas de mis pies el borde del otro lado, pero no es suficiente y caigo en él.

Octavo día: salgo de mi casa, veo el pozo, tomo carrera, salto, ¡llego al otro lado! Me siento tan orgulloso de haberlo conseguido que festejo dando saltos de alegría... y al hacerlo, caigo otra vez en el pozo.

Noveno día: salgo de mi casa, veo el pozo, tomo carrera, lo salto, y sigo mi camino.

Décimo día: me doy cuenta hoy mismo... ¡que es más cómodo caminar por la vereda de enfrente!"

Amigo caminante, ¿cuántas veces hemos de caer en el mismo pozo para ser conscientes de que está ahí? Y... Aun sabiéndolo ¿volvemos a caer? ¿Necesitamos nueve días para ser conscientes de que el pozo está ahí y de que es más fácil ir por otro lado?

Como puedes ver, **el tema central es darnos cuenta de las actitudes que nos hacen daño y en las que caemos una y otra vez**, no las vemos, nos pasa igual que con el pozo.

En el momento en que seamos conscientes tendremos el poder de cambiarlas, transformarlas y superarlas. Este tema ya lo comentamos en el primer libro *Acaricia tu mundo*, en el capítulo en el que hablamos de ser conscientes: *"Lo que marca la diferencia"*.

Estas actitudes en las que vamos a profundizar ahora son los pozos en los que caemos a menudo y seguiremos cayendo mientras no vivamos despiertos y dándonos cuenta de que están ahí.

Ronald Laing, psiquiatra, ya dijo: *"El rango de lo que pensamos y hacemos está limitado por aquello de lo que no nos damos cuenta. Y es precisamente el hecho de no darnos cuenta de que no nos damos cuenta lo que impide que podamos hacer algo por cambiarlo. Hasta que nos demos cuenta de que no nos damos cuenta, seguirá moldeando nuestro pensamiento y nuestra acción".*

"Solo sigue haciéndote más y más consciente, y encontrarás que tu vida cambia para mejor en todas las dimensiones posibles. Te traerá una gran satisfacción".

Osho o Bhagwan Shee Rajneesh

¡Uf...! ¡Cuánta densidad de pensamiento! Mejor comenzamos nuestro paseo a caballo por nuestras actitudes. ¡Confía, todo tiene solución! ¡Adelante, vamos a coger las riendas del caballo!

1. ACTITUD DEFENSIVA o el jinete del caballo bayo.

Como seres humanos, tenemos activados en nuestra mente mecanismos de supervivencia. Y, en ocasiones, los mensajes que recibimos de nuestro entorno y de las personas que nos rodean nos los tomamos como ataques, ataques a nuestra persona. La mente los detecta como peligrosos para nuestra supervivencia y adoptamos una actitud defensiva para poderlos eliminar o neutralizar. Es porque interpretamos que en ello nos va la vida, nos va nuestra integridad como personas.

Lo que ocurre es que, a veces , interpretamos ese ataque de forma errónea. Lo creamos nosotros. De esta manera, nuestro interlocutor se sorprende, se siente también atacado y responde con la misma actitud equivocada.

¿Te suena este tipo de diálogo en el que te has podido encontrar en algún momento?

- *¡Hola, Ana! Te veo... ¿Qué pasa?*
- *NADA.*

- *¿Seguro?*

- *SÍ.*

- *Bueno...*

- *ME VOY. NO QUIERO SEGUIR HABLANDO.*

- *¡Ana! Haz lo que quieras, pero creo que sería mejor que aclaráramos qué te pasa.*

- *TE HE DICHO QUE NADA. ¡DÉJAME, ME ES-TÁS MOLESTANDO!*

- *¡Haz lo quieras!, pero luego no me vengas con que no te escucho y esas tonterías que me dices. ¡Eres una desagradable! ¡Adiós!*

¡Vamos a ver qué ha pasado con Ana! Algo tenía en la cabeza que le hacía pensar que podía contestar ese NADA. La otra persona, como no es adivina, no sabe qué hay detrás de ese NADA y ante esa contestación ya puede prever que habrá un conflicto, y así acaba.

Otra respuesta más inteligente hubiera sido abrir un campo de comprensión y escucha empática que no la llevara al conflicto. No contraatacar con una respuesta que también la hace ponerse a la defensiva.

> *"No trates nunca de pagar a tus enemigos con la misma moneda, ya que si lo haces, será más grande el daño que te harás a ti mismo".*
>
> Dale Carnegie

Volvamos al comienzo de la **conversación**:

- *¡Hola, Ana! Te veo… ¿Qué pasa?*

- *NADA.*

- *¿Seguro?*

- *SÍ.*

- *Bueno….*

- *ME VOY. NO QUIERO SEGUIR HABLANDO.*

- *¡Ana! Me apetecería quedar contigo otro día para tomar un café y hablar de nuestras cosas.*

- *YA ME LO PENSARÉ…*

- *¡Estupendo! Nos llamamos y quedamos.*

¡Vaya! ¡Qué diferencia! En este diálogo, la amiga de Ana ha intentado comprender qué le pasaba. No ha insistido para que su amiga no se cerrara más en su postura y le ha dado la posibilidad de hablar en otro momento en el que estuviera más relajada y no tan centrada en su conflicto.

La relación no ha salido dañada y Ana sabe que puede contar con su amiga en otro momento de mayor serenidad. Esta es una respuesta mucho más adecuada para que ninguna de las dos partes acaben heridas.

Te he de decir que, en ocasiones, es real el ataque pero también es real que podemos responder a él de una manera más racional. Y eso se aprende y se trabaja.

> *"Si quieres recoger miel, no des puntapiés a la colmena".*
>
> Dale Carnegie

Me estoy refiriendo a esa actitud defensiva que ya tenemos instalada y no somos ni conscientes de ella. Caemos cada día en ese pozo. Nuestro pensamiento es que siempre, por defecto, nos atacan.

Las personas que tienen esta actitud piensan que el mundo que les rodea es hostil y malintencionado. Creen que tienen "los ojos del mundo" en su cogote todo el día. Sienten la presión de que no son suficientemente buenos, continuamente son criticados, evaluados…

Ante tal inseguridad, la única solución es la cerrazón, crear muros que los protejan y se aíslan creando su propio mundo.

¡Conclusión! Un sinfín de dificultades en las relaciones personales. ¡Luchar o morir!

> *"Vivir a la defensiva no te defiende de nada en la vida".*
>
> Anónimo

En el fondo, esta actitud **nos está hablando de una falta de autoestima, de no creer en uno mismo, de debilidad y, sobretodo, de incapacidad para resolver las situaciones de otra manera.**

¡Qué lastima no poder disfrutar de la vida, de las relaciones, de ti mismo de una manera más satisfactoria! Estás en el pozo y no sabes cómo salir, tu única solución es permanecer en él por seguridad.

> *"Cuanto más gruesa es la armadura, más frágil es el ser que la habita".*
>
> Anónimo

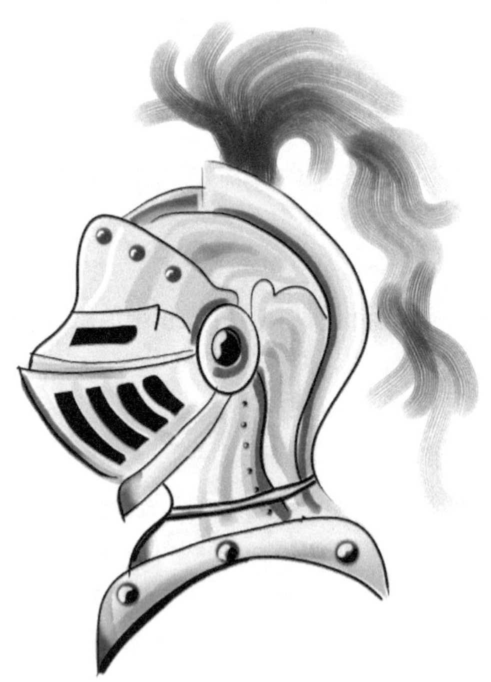

Este jinete de la actitud defensiva se puede manifestar de dos formas diferentes:

1. Mediante la autoprotección.

2. Y mediante el ataque o posición agresiva.

Ya sabes lo que dice el refrán: *"La mejor defensa es un buen ataque"*. Y de este modo, utilizamos **el ataque en forma de reproche, ironía, sarcasmo o incluso expresiones hirientes, con la intención de quedar a salvo.**

Esta actitud de defensa también se refleja en nuestro lenguaje no verbal, nuestra fisiología nos delata o delata a nuestro interlocutor.

Ya comentamos en el primer libro ***Acaricia tu mundo*** que todo lo que pensamos o sentimos se refleja en nuestro cuerpo y todo lo que sucede en nuestro cuerpo tiene su reflejo en nuestros pensamientos y emociones.

¿CUÁLES SON ESAS MANIFESTACIONES? ¿EN QUÉ LO PODEMOS NOTAR?

Te doy unas pistas para distinguir a los que se **defienden** de los que atacan. Su lenguaje no verbal es algo así:

- Crean una distancia física con la otra persona.

- Intentan colocar barreras físicas para aumentar la protección, por ejemplo, una mesa.

- Colocan los brazos cruzados simulando un escudo de protección.

- Mantienen una mirada intensa "clavada" en el interlocutor para intimidar o saltar al ataque al primer signo del rostro.

- Su cara muestra una expresión de desconfianza.

- El cuerpo está rígido y tenso.

- Ejecutan movimientos rápidos y bruscos.

El lenguaje no verbal de los **atacantes** sería:

- Movimientos con mucha energía y ocupando el mayor espacio posible.

- Cuerpo dirigido hacia delante.

- Mirada fija en los ojos del interlocutor.

- Brazos "en jarras" como muestra de poder.

- Utilizan el "dedo amenazador".

- El tono de voz es agresivo, sarcástico e iracundo.

Para relajar la lectura, te voy a contar un chiste muy malo:

"¿Sabes qué le dice un escudo a una espada?
Prometo no estar tan a la defensiva".

¡Ja, ja, ja! Peor imposible, ¿verdad?

¿CÓMO PUEDES ACTUAR ANTE UNA PERSONA QUE TE MANIFIESTA UNA ACTITUD DEFENSIVA?

- Es casi imposible mantener una escucha empática con esa persona y sí una escucha activa que la vaya tranquilizando poco a poco.

- Por nada del mundo, intentes bajarla de su hermoso caballo, no lo va a entender y será mucho peor. "No entrará en razón", creerá que es un ataque.

- Evita expresiones que muestren enfado o desconfianza.

- Mantén un tono de voz suave.

- Deja que se desahogue sin interferir en su explicación.

- Mide tus palabras con sumo cuidado. Es mejor el silencio que una palabra de la que después te puedas arrepentir. Y, sobretodo…

- Paciencia, paciencia y más paciencia.

Sé que algunas personas pensarán que estas maneras de reaccionar ante los que se defienden o directamente atacan, es una muestra de debilidad. ¡Nada más lejos de la realidad!

Son actitudes de acogida, aceptación y amor que te engrandecen como persona y son valiosísimas para tu crecimiento personal. Con tu actitud de acogida, estás muy por encima de tu interlocutor, aunque él no lo pueda ver en ese momento, porque padece "una ceguera temporal".

> *"Cuando odiamos a nuestros enemigos, les estamos dando poder sobre nosotros: el poder sobre nuestro sueño, nuestro apetito, nuestra presión sanguínea, nuestra salud y nuestra felicidad"*.
>
> Dale Carnegie.

Amigo caminante, tengo un fantástico regalo para ti. Ya sabes que mis regalos siempre vienen en forma de cuento. Este es uno de los que más me gustan. Lo tengo en mi mente en muchas ocasiones. Es mi recordatorio personal. ¡Es una perla! ¡Te encantará! ¡Estoy segura!

Construimos muchos muros y pocos puentes. El Papa Francisco así nos lo recuerda: ***"El orgullo construye muros. La humildad construye puentes"***

¡Ánimo, a construir se ha dicho! ¿Comenzamos?

"EL PUENTE"

"Había una vez dos hermanos, Tomás y Javier. Vivían uno en frente del otro, en dos casas de una hermosa campiña.

Por pequeños problemas, que al acumularse sin resolverse se fueron haciendo grandes con el tiempo, los hermanos dejaron de hablarse. Incluso evitaban cruzarse en el camino.

Cierto día llegó a la casa de Tomás un carpintero y le preguntó si tendría trabajo para él. Tomás le contestó:

—¿Ve usted esa madera que está cerca de aquel riachuelo? Pues la corté ayer. Mi hermano Javier vive en frente y, a causa de nuestra enemistad, desvió ese arroyo para separarnos definitivamente. Así que yo no quiero ver más su casa. Le dejo el encargo de hacerme una cerca muy alta que me evite la vista de la casa de mi hermano.

Tomás se fue al pueblo y no regresó hasta bien entrada la noche.

Cuál no sería su sorpresa al llegar a su casa cuando, en vez de una cerca, encontró que el carpintero había construido un hermoso puente que unía las dos partes de la campiña.

Sin poder hablar, de pronto vio en frente suyo a su hermano, que en ese momento estaba atravesando el puente con una sonrisa:

- Tomás, hermano mío, no puedo creer que hayas construido este puente, habiendo sido yo el que te ofendió. Vengo a pedirte perdón.

Los dos hermanos se abrazaron.

Cuando Tomás se dio cuenta de que el carpintero se alejaba, le dijo:

- Buen hombre, ¿cuánto le debo? ¿Por qué no te quedas?

*-No, gracias -contestó el carpintero-. **¡Tengo muchos puentes que construir!**"*

Uy, uy, uy…! No sé, no sé... Amigo caminante, te voy a poner en una situación difícil. ¿Te has identificado con alguna de las actitudes que hemos mencionado? ¿Cómo te sientes en este momento? ¡Todo tiene solución en la vida!

Te voy a dar algunas indicaciones para que trabajes esta actitud que has identificado en ti y te bajes de ese caballo que seguro que en más de una ocasión se ha encabritado y te ha tirado al suelo haciéndote sufrir.

SI ERES TÚ EL QUE ESTÁ A LA DEFENSIVA...

- Primero: **¡FELICIDADES! ¡Bienvenido al mundo de los mortales!** Has dado dos pasos muy, muy importantes: el primero es que has sido capaz de llegar hasta aquí leyendo esto. Te habrá resultado algo incómodo. Nuevamente, ¡felicidades!

  Segundo, y más importante todavía, es que **eres consciente, te has dado cuenta de que el jinete de la actitud defensiva domina algunos momentos de tu vida** o toda tu vida.

- **Amplía TU REALIDAD**. Como ya sabes del libro anterior *Acaricia tu mundo* somos cada uno de nosotros los que creamos nuestra realidad. No hay una sola realidad. Además, no estamos aquí para ganar y luchar. Es un lugar en el que todos ganamos con todo y con todos.

- Busca **personas que te ayuden a crecer**, te sientas valorado y aceptado, te sientas "tú mismo" y con las que disfrutes de la compañía.

- **Cuando dudes** de la intención de alguna persona, habla con claridad con ella. **Pregúntale por sus intenciones**. Que te aclare lo que no entiendes.

- Busca **actividades** que te ayuden en tu **conocimiento personal**: relajación, meditación, yoga…

- **Goza de** encuentros con **la naturaleza** sin prisa, con el único objetivo de disfrutar.

- **Encuentra alguna persona**, especialista, que te pueda ayudar en tu proceso de crecimiento personal.

> *"Grande es aquel que para brillar no necesita apagar la luz de los demás".*
>
> Anónimo

¡Vaya, vaya! **Si sigues estas orientaciones tu vida dará un cambio de 180 grados en positivo**. ¡Verás la vida y tu vida de otra manera! ¡Te lo aseguro! ¡Ánimo! ¡Tú puedes!

Seguimos con nuestro paseo a caballo a través de las actitudes humanas.

2. ACTITUD NEGATIVA o el jinete del caballo negro.

Quiero comenzar esta actitud con este fabuloso cuento anónimo con una gran moraleja.

"Un maestro zen estaba desarrollando una sesión grupal cuando, de repente, levantó un vaso de agua.

Todos esperaban la típica pregunta: "¿Está medio lleno o medio vacío?"

Sin embargo, preguntó:

- ¿Cuánto pesa este vaso?

Las respuestas variaron entre 200 y 250 gramos.

El maestro les respondió:

- El peso absoluto no es importante. Depende de cuánto tiempo lo sostengo. Si lo sostengo un minuto, no representará un problema, pero si lo sostengo durante una hora, me dolerá el brazo. Si lo sostengo un día, mi brazo se entumecerá y paralizará. El peso del vaso no ha cambiado, siempre es el mismo. Pero cuanto más tiempo lo sujeto, más pesado y más difícil de soportar se vuelve".

En este cuento se nos recuerda que los pensamientos pesimistas, las preocupaciones, los rencores y un sinfín de aspectos negativos más… son como el vaso de agua.

El vaso siempre pesa lo mismo, un rato no pasa nada, no lo notamos. Conforme va pasando el tiempo ese vaso va pesando más, nuestros pensamientos negativos van pesando más y más, hasta que nos paralizan y somos incapaces de hacer nada. Y cada vez nos hacen más daño.

> *"Incluso la noche más oscura terminará con la salida del sol".*
>
> Victor Hugo

Las personas negativas van dejando un rastro profundo a su paso, nos pueden arrastrar y cuando nos demos cuenta, tal vez sea demasiado tarde. Su oscuridad nos ha invadido y no nos permite ver el sol.

Las personas negativas tienen una visión muy particular de la realidad, de su realidad. Tal vez las experiencias que han tenido hayan proyectado la oscuridad en sus vidas, pero no hemos de ser cómplices de su mundo. Al contrario, hemos de intentar sacarlas de esa oscuridad.

En ellos se suele cumplir lo que se llama "la profecía de autocumplimiento", ellos son los que provocan con su actitud que las cosas les salgan mal. Y de esta forman se reafirman más, si cabe, en su pesimismo.

> *"Una mente negativa nunca podrá darte una vida positiva".*
>
> Anónimo

El mundo, la sociedad y hasta nosotros mismos no somos perfectos. Existen razones objetivas para el malestar, pero de cada uno de nosotros depende que veamos las cosas por su lado positivo y no aumentemos en nuestra propia vida la desilusión y la desesperanza. Solo depende de nosotros y tú lo sabes.

Es muy fácil esconderse detrás de los problemas y de las preocupaciones para no hacer nada. Ese es el camino fácil, lo que requiere tu valentía es enfrentarte a esa realidad y superar los obstáculos.

Tienes un gran poder en tu interior, tal vez no lo has descubierto aún, pero lo tienes. De ti depende comenzar a buscarlo o quedarte sentado esperando que por "arte de magia" todo cambie. Ya te digo desde ahora que la magia no existe y eso, simplemente, es cobardía.

Cobardía camuflada de pesimismo que no te deja avanzar. No cojas el camino fácil, levántate y lucha por ver el sol. Él sigue ahí para ti cada día. ¡Tú decides!

"TU VIDA CAMBIARÁ CUANDO TÚ CAMBIES, Y ESTO NO SUCEDE SENTÁNDOTE A ESPERAR QUE SUCEDA".

Las personas que cabalgan en el caballo negro son poco empáticas, malas escuchadoras, no hay lugar en ellas para ti. Creen que lo saben todo y encuentran argumentos para sostener su desesperanza. Destrozarán todas tus razones para vivir en el optimismo y la ilusión por la vida.

Tal vez te suenen expresiones como estas:

"La crisis va en aumento, todo está mal, nadie hace nada, el gobierno no funciona, no te puedes fiar de nadie, la gente "va a su bola", no hay nada que hacer, todo me sale mal, nadie me escucha, nadie me comprende, no merece la pena esforzarse por nada, los demás siempre tienen suerte..." y mil quejas más.

> *"Evita juntarte con gente negativa, siempre tienen un problema para cada solución".*
>
> Anónimo

¡Qué! ¿Me equivoco? ¡Estoy segura de que lo has oído cientos de veces! Lo que no quisiera es que estas palabras salieran de tu boca…

Así pues… y para que las localices rápidamente te diré:

CUÁLES SON LAS CARACTERÍSTICAS DE LAS PERSONA NEGATIVAS.

- **Interpretan la realidad, su realidad, de forma pesimista**.

  Ya hemos comentado en varias ocasiones que la realidad es subjetiva, la creamos nosotros. Sigo insistiendo porque creo que es un concepto fundamental para avanzar en nuestro crecimiento personal y aceptar la responsabilidad que nos corresponde.

- **El futuro siempre es negro para ellos**.

  Ante acontecimientos futuros, suelen pensar siempre en las dificultades y obstáculos que se encontrarán más que en el disfrute de los mismos.

- **Les gusta llamar la atención.**

  Les gusta que los escuchen, que escuchen su repertorio de motivos para que todo funcione mal.

- **Siempre encuentran excusas para todo.**

  También lo hemos comentado en otras ocasiones, es el típico "pelotas fuera", siempre hay alguien a quien echarle la culpa de lo que le pasa o de lo que pasa a su alrededor. Cero responsabilidad personal.

- **Tienden a ser envidiosos.**

No soportan la felicidad ajena, va "contra natura".

- **Les cuesta encontrar el punto medio.**

Todo se dirige al extremo, su vocabulario lo delata: siempre, todo, nunca…

"Todo me sale mal", "siempre me toca a mí", "nunca se dan cuenta"…

- **Tienden al egocentrismo.**

Piensan que son lo más importante y que el mundo gira a su alrededor.

- **Consumen mucho tiempo preocupándose por "problemas" que todavía no se han hecho realidad.**

- **En todo momento, justifican su forma de pensar y de ser.**

No tienen intención de cambiar, ya les va bien como están.

> *"Las emociones negativas intensas absorben toda la atención del individuo, obstaculizando cualquier intento de atender a otra cosa".*
>
> Daniel Goleman

Es el momento, amigo caminante, de entonar el **"HAKUNA MATATA", "NO HAY PROBLEMA".**

Es una frase del idioma suajiri, del este de África, y que tan famosa se ha hecho por los libros y películas que todos tenemos en mente: *El rey León* y *El libro de la selva.*

¡Fuera negatividades! ¡Arriba el optimismo!

> *"La mitad de la belleza depende del paisaje, la otra mitad de la persona que lo mira".*
>
> Lin Yutang

¿CÓMO PUEDES ACTUAR ANTE UNA PERSONA QUE TE MANIFIESTA UNA ACTITUD NEGATIVA?

- Has de intentar que **no te influyan sus comentarios**.

- Ten una **actitud comprensiva**, lo que no quiere decir que manifiestes conformidad. Si le das la razón porque sí, te engañas a ti mismo y le engañas a él.

- **No intentes convencerle** de que no tiene razón. No lo conseguirás y además puede dar lugar a un conflicto.

- **Sé respetuoso** con lo que te está manifestando.

- **Muéstrate tal como eres** y ofrece tu chispa de alegría. ¡Tal vez, en algún momento, se contagie!

Amigo caminante, como ya te dije en la actitud anterior, si te has sentido identificado, **¡Te felicito!** Ya has conseguido lo más difícil: **ser consciente de tu realidad**. Ahora nos vamos a poner "manos a la obra" para cambiarla paso a paso. "Sin prisa pero sin pausa". ¡En marcha! ¡Es posible!

> *"Hay una fuerza motriz más poderosa que el vapor, la electricidad y la energía atómica: la voluntad".*
>
> Albert Einstein

SI ERES TÚ EL NEGATIVO...

- Después del gran paso que has dado dándote cuenta de tu condición negativa, **aléjate** de todas esas personas que todavía no han podido ponerse en marcha y avanzar.

- **Rodéate de personas optimistas** y positivas, ellas te ayudarán con su ejemplo.

- **Habla en positivo** y haz que tu **fisiología siga esa actitud**. Ya sabes que nuestro cuerpo es muy importante para que consigas este cambio.

- **Lee mucho y ves a conferencias** que te ayuden en tu camino hacia la positividad.

- Por último, puedes **buscar ayuda en expertos** que te ayuden en tu crecimiento personal.

> *"Nuestra mayor debilidad es rendirnos. La forma más segura de tener éxito es intentarlo siempre una vez más".*
>
> Thomas A. Edison

Si sigues estos consejos verás cómo en poco tiempo tu vida cambiará a mejor: disfrutarás de las relaciones personales, tu familia gozará de tu presencia, tus compañeros de trabajo se sentirán cómodos contigo y, sobre todo, **vivirás tu nueva realidad, tu vida, con entusiasmo y felicidad.**

> *"Tu actitud es como una caja de pinturas que pinta tu mundo. Si siempre coloreas tu dibujo de gris, tu imagen siempre estará desolada. Prueba a añadir algunos colores vivos al dibujo incluyendo humor, y tu imagen empezará a brillar".*
>
> Allen Klein

¡Vaya, vaya, vaya! ¡Pobres jinetes! ¡Les está cayendo una buena! ¡Que se preparen los siguientes! Llevamos dos y nos quedan dos más. Puede ser que estés pensando que tienes mucho trabajo por delante… ¡Bien! Eso me indica que tienes ganas de avanzar, de crecer, de superarte, de **VIVIR**.

¡Disfruta del camino, de los obstáculos, de los baches, de tus resistencias, de…! Y… ¡Disfruta del sol, de la naturaleza, de tu riqueza interior…!

A mitad de este emocionante camino te quiero regalar este cuento para que no desistas en tu avance y te anime a seguir adelante. ¡Fuera excusas, fuera miedos, fuera comodidad…!

¡BUSCA TU VERDADERA ESENCIA!
¡SÉ EL PROTAGONISTA DE TU VIDA!

"EL GUARDIÁN DEL TEMPLO"

"Un gran maestro y un guardián compartían la administración de un monasterio zen. Cierto día el guardián murió, y había que sustituirlo.

El maestro reunió a todos sus discípulos, para escoger a quien tendría ese honor.

*Voy a presentarles un **problema**- dijo-. Aquel que lo resuelva primero será el nuevo **guardián del templo**".*

Trajo al centro de la sala un banco, puso sobre este un enorme y hermoso florero de porcelana con una hermosa rosa roja y señaló: - "Este es el problema".

Los discípulos contemplaban perplejos lo que veían: los diseños sofisticados y raros de la porcelana, la frescura y elegancia de la flor... ¿Qué representaba aquello? ¿Qué hacer? ¿Cuál era el enigma? Todos estaban paralizados.

Después de algunos minutos, un alumno se levantó, miró al maestro y a los demás discípulos, caminó hacia el vaso con determinación y lo tiró al suelo.

Usted es el nuevo guardián -le dijo el gran maestro, y explicó-: Yo fui muy claro, les dije que estaban delante de un problema.

*No importa qué tan bellos y fascinantes sean, **los problemas tienen que ser resueltos**. Puede tratarse de un vaso de porcelana muy raro, un bello amor que ya no tiene sentido, un camino que debemos abandonar pero que insistimos en recorrer porque nos trae comodidades.*

Sólo existe una forma de lidiar con los problemas: atacarlos de frente. En esos momentos no podemos tener piedad, ni dejarnos tentar por el lado fascinante que cualquier conflicto lleva consigo".

Para solucionar los problemas, las dificultades, hay que hacer algo, hay que pasar a la **ACCIÓN.** Mirando, arrinconando u olvidando el problema, este no se soluciona. **¡Tira el jarrón al suelo y deja de contemplarlo!**

3. ACTITUD DE SOBERBIA o el jinete del caballo rojo.

Amigo caminante, vamos a coger las riendas de nuestro caballo rojo para trotar por el mundo de la soberbia.

¿Preparado? ¡Así me gusta! ¡Con ánimo!

La palabra soberbia procede del latín *"superbia"* y según la RAE (Real Academia Española) significa altivez, envanecimiento. Podemos añadir que la persona soberbia se valora en exceso, se adora a sí misma, y por encima de los demás. Se siente superior. Se siente el centro del universo. Otros sinónimos para ellas serían: personas altivas, arrogantes, altaneras o vanidosas.

> *"Un hombre solo tiene derecho a mirar a otro hacia abajo, cuando ha de ayudarle a levantarse".*
>
> Gabriel García Márquez

Pero en el fondo de todas estas personas se **esconde una debilidad**, **un miedo** a que alguien les haga daño. Nunca he estado tan de acuerdo con este refrán: **"Dime de qué presumes y te diré de qué careces".**

"Los verdaderos caracteres de la ignorancia son la vanidad, el orgullo y la arrogancia".

Samuel Butler

Los rasgos que definen a estas personas siempre van encaminados a mantener una imagen idealizada de sí mismos.

Supongo que conoces el mito de Narciso. ¿No? ¡Espera, espera! Te doy dos pinceladas de la mano de Eloy Santos Aguirre, autor del Blog *Un profesor.*

"*El mito es contado por Ovidio, un poeta romano que adaptaba muchas historias griegas al contexto romano, siendo una de estas la de Narciso.*

Según el mito, un día mientras Narciso se encontraba en el bosque cazando ciervos, fue visto por una ninfa llamada Eco.

Narciso estaba totalmente seguro de que alguien le estaba observando, y habló hacia la zona en la que pensaba que se encontraba la persona extraña.

Ambos intercambiaron algunas palabras, siendo las de Eco siempre las mismas que las últimas dichas por Narciso.

*Finalmente Eco se atrevió a salir de su escondite, intentando abrazar a su amado, pero **Narciso la rechazó**, al igual que había rechazado a cualquier persona a lo largo de su vida, y Eco huyó desconsolada.*

*Este acto de crueldad tan grande llamó la atención de algunas deidades, pero la única que se atrevió a intervenir fue **Némesis, la diosa de la justicia y la venganza**.*

Esta deidad, decidió vengarse del joven Narciso. Némesis uso todas sus armas para engañar a Narciso, haciendo que se acercara a un arroyo, y viera allí su bello rostro reflejado, provocando que no pudiera dejar de mirarse a sí mismo.

> *Por primera vez en su vida Narciso era rechazado, ya que no podía tomar para sí un simple reflejo y finalmente se suicidó tirándose al agua.*
>
> *De su cuerpo nació una preciosa flor, a la que actualmente llamamos Narciso".*

¡Vaya con el tal Narciso! Ya dicen que "el amor mata", ¡Nunca mejor dicho! ¡Vamos a lo nuestro! Estábamos introduciendo los rasgos que definen a las personas soberbias.

ALGUNAS CARACTERÍSTICAS:

- **Su punto de referencia siempre es el YO.** "yo esto…, yo lo otro…, yo lo de más allá…" Todo lo saben y todo lo hacen bien, más que bien, insuperable, perfecto.

- **Presumen** de todo lo que ellos creen que pueden presumir: dinero, poder, belleza…

- **No toleran bien las críticas ni la frustración.**

> *"Lo malo de los que se creen en posesión de la verdad es que cuando tienen que demostrarlo no aciertan ni una".*
>
> Camilo José Cela

- **Las críticas no encajan en sus vidas** llenas de "glamour".

- La palabra **perdón no suele entrar en su vocabulario**.

- Tienen **serias dificultades con la empatía**, lo único que les importa se llama YO. Pueden llegar a "cosificar" a las personas de su entorno próximo.

> *"Hay grandes hombres que hacen a todos los demás sentirse pequeños. Pero la verdadera grandeza consiste en hacer que todos se sientan grandes".*
>
> Charles Dickens

Te voy a contar un chiste para romper esta sensación de grandeza que se está creando a nuestro alrededor.

*"**U**n escritor argentino y un mejicano que se acaban de conocer, se reúnen para conversar. El argentino le cuenta su novela al mejicano. Las horas pasan y el paciente y educado oyente permanece en silencio. El argentino habla y habla, hasta que finalmente dice:*

- Ahora vamos a hablar de vos. ¿Qué te pareció mi novela?"

Voy a darte unas pistas para que los puedas distinguir a simple vista, por su lenguaje no verbal o analógico.

¿CUÁLES SON ESAS MANIFESTACIONES? ¿EN QUÉ LO PODEMOS NOTAR?

- Podemos decir de ellos que **"te miran por encima del hombro"**. Caminan rectos y con la barbilla levantada. Desde la altura te miran con desdén. En ocasiones, ni eso para humillarte e ignorarte.

- Manifiestan su poder a través del **uso del tiempo**: llegan tarde a las reuniones de trabajo o a las citas personales. Incluso pueden no acudir a una reunión o a una cita social y no avisar.

- Sentido del espacio. **Invaden tu espacio personal y de trabajo,** se sienten los dueños de lo suyo y de lo tuyo.

> *"Ruin arquitecto es la soberbia; los cimientos pone en lo alto y las tejas en los cimientos".*
>
> Francisco de Quevedo

¿CÓMO PUEDES ACTUAR ANTE UNA PERSONA QUE TE MANIFIESTA UNA ACTITUD SOBERBIA?

- **Fortalece tu autoestima** y no te dejes avasallar por los comentarios grandilocuentes de estas personas. Valora tus actitudes y capacidades. ¡Tú también eres valioso!

- Deja que alardee y **no caigas en la tentación de competir** con él.

- **Respeta** su manera de ver el mundo, déjale que te cuente **pero no le aumentes su vanidad**.

- **Demuéstrale** con tus palabras y tus hechos que tu tienes **un sentido de la vida diferente** al suyo.

- **Muestra compasión** por él. En el fondo, y ya lo hemos dicho antes, se comporta así porque esconde sus miedos y dificultades.

> *"La soberbia no es grandeza sino hinchazón; y lo que está hinchado parece grande no está sano".*
>
> San Agustín

Amigo caminante, llegamos al punto que nos duele más... **SI ERES TÚ EL SOBERBIO...**

Como ya he hecho anteriormente y seguiré haciendo, te doy mi enhorabuena. ¡Ahí va! ¡Enhorabuena! ¡Te la mereces!

Parafraseando a Neil Armstrong: es un gran paso para ti y un gran salto para tu vida.

Me gustaría que reflexionaras sobre estas preguntas que te ofrezco y saques tus propias conclusiones.

- Si has nacido en una familia con una buena posición económica, ¿en qué has colaborado tú?

- Si has logrado éxitos en tu vida, ¿estos justifican humillar a los que te rodean?

- ¿Piensas que los demás te aprecian por lo que eres o por lo que tienes?

- ¿Has encontrado personas que te quieren de verdad?

- De todo lo que tienes... ¿qué te llevarás para la eternidad?

- ¿Alguna vez has sentido la soledad?

Hasta aquí, amigo caminante, nuestro paseo en este hidalgo caballo. ¡Cuidado con las caídas! Bien dice el refrán: ***"cuanto más alto, más dura será la caída"***.

> *"El hombre que ha empezado a vivir seriamente por dentro, empieza a vivir más sencillamente por fuera".*
>
> Ernest Hemingway

Te dejo este sabio cuento para que reflexiones.

"SOBERBIA"

"**H**abía una vez un anciano muy sabio, tan sabio que todos decían que en su cara se podía ver la sabiduría.

Un buen día ese hombre sabio decidió hacer un viaje en barco, y en ese mismo viaje iba un joven estudiante. El joven estudiante era arrogante y entró en el barco dándose aires de importancia, mientras que el anciano sabio se limitó a sentarse en la proa a contemplar el paisaje y observar cómo los marineros trabajaban.

Al poco, el estudiante tuvo noticia de que en el barco se encontraba un hombre sabio y fue a sentarse junto a él. El anciano sabio permanecía en silencio, así que el joven estudiante decidió sacar conversación:

–¿Ha viajado mucho usted?

A lo que el anciano respondió:

–Sí.

–¿Y ha estado usted en Damasco?

Y al instante el anciano le habló de las estrellas que se ven desde la ciudad, de los atardeceres, de las gentes y sus costumbres.

Le describió los olores y ruidos del zoco y le habló de las hermosas mezquitas de la ciudad. –Todo eso está muy bien –dijo el estudiante–. Pero... habrá estado usted estudiando en la escuela de Astronomía.

El anciano se quedó pensativo y como si aquello no tuviese importancia le dijo:

–No.

El estudiante se llevó las manos a la cabeza sin poder creer lo que estaba oyendo:

–¡Pero entonces ha perdido media vida!

Al poco rato el estudiante le volvió a preguntar:

–¿Ha estado usted en Alejandría?

Y acto seguido el anciano le empezó a hablar de la belleza de la ciudad, de su puerto y su faro. Del ambiente abarrotado de sus calles. De su tradición, y de otras tantas cosas.

–Sí, veo que ha estado usted en Alejandría – repuso el estudiante–. Pero ¿estudió usted en la Biblioteca de Alejandría?

Una vez más el anciano se encogió de hombros y dijo:

–No.

De nuevo el estudiante se llevó las manos a la cabeza y dijo:

–¡Pero cómo es posible! ¡Ha perdido usted media vida!

Al rato el anciano vio en la otra punta del barco que entraba agua entre las tablas. Entonces el anciano preguntó:

–Tú has estudiado en muchos sitios, ¿verdad?

Y el estudiante enhebró una retahíla de escuelas, bibliotecas y lugares de sabiduría que parecía no tener fin. Cuando por fin terminó, el viejo le preguntó:

–¿Y en alguno de esos lugares has aprendido natación?

El estudiante repasó las decenas de asignaturas que había cursado en los diferentes lugares, pero en ninguna de ellas estaba incluida la natación.

–No –respondió.

El anciano, arremangándose y saltando encima de la borda, dijo antes de tirarse al agua:

–Pues has perdido la vida entera".

4. ACTITUD de CONFIANZA excesiva o el jinete del caballo blanco.

Se nos acaba la yeguada, amigo caminante. Este es nuestro último jinete. Aunque el último, no es por ello menos importante.

La confianza es un valor fundamental en nuestras relaciones personales; de hecho, sin ella no abriríamos nuestro interior a los que están a nuestro lado. Es un soporte importante que queremos tener en nuestras vidas y que nos cuesta mucho conseguir, la hemos de conquistar. Pero es tan frágil que la perdemos con facilidad.

Confianza significa, según la RAE (Real Academia Española): *"Esperanza firme que se tiene de alguien o algo"*. En sentido amplio podríamos decir que su significado es*: "con fe"* o *"con convicción"*.

Es sentir la seguridad que te aportan otra u otras personas, es un sentimiento de vínculo en una relación.

> *"No me molesta que me hayas mentido, me molesta que a partir de ahora no pueda creerte".*
>
> Friedrich Nietzsche

Como dice Mona Sutphen: ***"La mayoría de las buenas relaciones se basan en la confianza y el respeto mutuos"**.*

La empatía, la simpatía y el buen humor son actitudes que acompañan a la confianza. Fortalecen este valor tan importante. Pero…pero, ¿qué?

Quiero hablarte del aspecto menos positivo de estas actitudes que acompañan a la confianza y que, a veces, nos frenan para conectar con las personas. Más bien, nos incomodan o nos "echan para atrás" en nuestras relaciones.

Me refiero a los excesos de simpatía o de cercanía. ¿No te ha pasado en alguna ocasión que por un exceso has notado que la persona fingía o te parecía que actuaba con poca sinceridad?

A eso me refiero. Muchas personas, en su afán de agradar y ganarse nuestra confianza, se extralimitan en sus actuaciones y lo único que logran es que nos "cerremos en banda" y dudemos de sus buenas intenciones. Sobre todo, si somos menos expresivas o más introvertidas. No nos sentimos a gusto con ellas y nos incomodan.

> *"Si fueras la mitad de gracioso de lo que crees que eres, serías el doble de gracioso de lo que eres".*
>
> Cassandra Clare

Te comento algunas actitudes que nos pueden obstaculizar la relación, la comunicación con este tipo de personas.

ALGUNAS CARACTERÍSTICAS:

- Son personas **extremadamente habladoras** y **excesivamente expresivas en sus gestos**.

- Siempre tienen una **sonrisa** en la cara.

- Suelen hablar en un **tono muy alto** que puede llegar a molestar.

- Su trato es tan cordial, son tan abiertas y extrovertidas que **nos intimidan con su cordialidad.**

- Se interesan en demasía y nos hacen **preguntas que rayan la indiscreción.**

- **Invaden nuestro espacio relacional** acercándose demasiado y nos obligan a dar unos pasos hacia atrás para mantener nuestro espacio de seguridad.

- Son muy **espontáneas.**

- **Les gusta el contacto físico**: abrazos, palmadas… que puede que no nos gusten a nosotros e incluso nos bloqueen.

Puede que te preguntes si tú eres una de estas personas. Lo notarás rápidamente si te fijas en las reacciones del otro. De todas maneras te doy unas pistas.

SI ERES TÚ ...

- **Tu interlocutor** se sentirá bloqueado y **reaccionará defendiéndose con sus gestos**: cruzará los brazos, pondrá las manos en los bolsillos, puede que dé unos pasos hacia atrás, tal vez ponga algún obstáculo entre tú y él (bolso, maleta oficina, silla, mesa…).

- Sus **contestaciones** serán muy **breves** o se limitará a los monosílabos: sí o no.

- **Desviará su mirada** de ti continuamente.

- Se mostrará **impaciente por acabar la conversación**. Puede que observes que tiene un pie en dirección a la salida o que vaya colocando su cuerpo trasversalmente al tuyo para ir acabando y alejándose.

- Mantendrá el **rostro serio** o con una sonrisa tímida.

Amigo caminante, teniendo estos aspectos en cuenta, la simpatía y el optimismo abren puertas. Y, sobre todo, confiar en la bondad de las personas que con su cercanía nos regalan la posibilidad de avanzar en nuestra andadura por la vida.

> *"Tres cuartas partes de las personas con las que se reunirá mañana, tienen hambre y sed de simpatía".*
>
> Dale Carnegie

¡Tienes mucho en lo que pensar! Mucho camino para avanzar en tu crecimiento personal. ¡Aprovecha la oportunidad que te brinda este libro! Y como ya te he dicho y te seguiré diciendo… practica. Ponte objetivos claros que quieras alcanzar y… ¡Al ataque! Nada ni nadie te puede parar en tu empeño de avanzar… solo tú mismo. ¡Ánimo! ¡Tú puedes!

¡Te espero en el siguiente capítulo! ¡Hasta pronto!

6. LOS 4 JINETES DEL APOCALIPSIS

RESUMIENDO... **¿QUIÉNES SON LOS CUATRO JINETES?**

✓ Los cuatro jinetes son: la actitud defensiva, la actitud negativa, la actitud de soberbia y la actitud de excesiva confianza.

✓ Estas actitudes lo que intentan es tapar tus inseguridades, miedos, resentimientos…

✓ El primer paso para cambiarlas, transformarlas y superarlas es ser consciente.

✓ Si eres tú el que está a la defensiva: amplía tu realidad, busca personas que te ayuden a crecer, aclara las situaciones que no comprendes, busca espacios y actividades para tu conocimiento personal y, si lo crees necesario, busca ayuda en expertos.

✓ Si eres tú el negativo: Rodéate de personas optimistas, habla en positivo y haz que tu fisiología te siga, lee mucho…

✓ Si eres tú el soberbio: reflexiona y piensa que todos tus éxitos no justifican humillar a los que te rodean. Si sigues por ese camino la soledad será tu compañera.

✓ Si eres tú el que muestra excesiva confianza: cuida tus gestos y expresiones, puedes intimidar a los otros. Sé discreto en tu trato y en tus muestras de afecto.

7

DEFENDER SIN HERIR

ASERTIVIDAD

> *"En la vida te tratan tal y como tú enseñas a la gente a tratarte".*
>
> Wayne W. Dyer

Nos volvemos a encontrar, amigo caminante. Para mí es una enorme alegría comprobar que sigues "al pie del cañón" con la lectura de este libro. Gracias. Como premio a tu constancia vas a tener la oportunidad de disfrutar de un profundo capítulo sobre la asertividad.

El entrante ya lo has podido saborear con esta maravillosa cita que encabeza su inicio. ¡No tiene desperdicio! ¡Cuánta verdad en tan poco espacio!

Pero…¡Espera, espera! El plato principal está por llegar y…¡Es fabuloso! Acompáñame y te lo mostraré. ¿Dispuesto?

Y HABLANDO DE ASERTIVIDAD… ¿QUÉ ES?

La asertividad es una habilidad social que se cultiva en el interior de la persona y que te capacita para poder expresar tus opiniones, pensamientos, sentimientos y deseos de manera consciente, directa, congruente y equilibrada; defendiendo tus derechos y con la única intención de no perjudicar o herir a los demás, es decir, de una forma que no invadas los derechos del otro.

Igual que tú tienes tus derechos, yo los tengo y el otro los tiene, eso no te da permiso para saltártelos. Y entre esos derechos está el de ser tratado con dignidad y respeto.

¿Por qué digo esto? Porque en ocasiones intentamos salvaguardar nuestros derechos y defenderlos "a capa y espada" y nos sentimos con la libertad de pisotear los de nuestros semejantes. Ya dice S. Mateo en el Nuevo Testamento: **"Trata a los demás como quieras que te traten a ti".**

La asertividad se nutre de grandes valores como el respeto, la escucha, la empatía, la responsabilidad, la libertad, la honestidad, la verdad…

> *"La asertividad no es lo que haces,
> es lo que eres".*
>
> Cal Le Lun

A lo largo de mi vida me he llevado muchos disgustos y he dado muchos disgustos por no conocer, comprender y trabajar desde mi interior, con mi entorno, este tema tan, tan, tan fundamental de la comunicación asertiva.

¡Cuántos silencios dolorosos! ¡Cuánta pasividad! ¡Cuántas actitudes destructivas! ¡Cuánta agresividad! ¡Cuánta...!

Aprovechando este despliegue de sinceridad te explicaré que existen **tres** maneras diferentes de dirigirnos a los demás y esto es lo que llamamos:

ESTILOS BÁSICOS DE COMUNICARNOS.

- **Pasivo:** este tipo se caracteriza por no mostrar ni los pensamientos ni los sentimientos por miedo a ser incomprendido, rechazado o criticado. En este contexto, se puede deducir por parte de quien lo practica o practicamos una sutil falta de autoestima. Pesa más en nosotros lo que pueden pensar los otros que nuestro autoconcepto personal.

> *"Nadie puede hacerte sentir inferior sin tu consentimiento".*
>
> Eleanor Roosevelt

- **Agresivo:** este tipo es todo lo contrario al pasivo. Se valora en exceso o valoramos todo lo que son nuestras opiniones, ideas, pensamientos y sentimientos. Somos el único referente fiable en detrimento de los otros, a los que desautorizamos y menospreciamos.

- **Asertivo:** en este estilo se valoran tanto las ideas, opiniones, sentimientos… de los demás como los propios. El respeto es la clave de la comunicación. La apertura a las ideas y pensamientos ajenos es un noble valor. Se acepta la postura de que los dos podemos tener razón porque partimos de realidades diferentes, ni mejores ni peores, simplemente diferentes. Cada uno creamos nuestra realidad y, desde ella, nos comunicamos.

Amigo caminante, ¿te has sentido identificado con algún estilo en concreto? ¿Alguno predomina más que otro en tu manera de comunicarte? ¿Un poco de todos?... Paso a paso, puedes ir inclinando la balanza hacia una comunicación cada vez más asertiva.

Exponer tus ideas y sentimientos adecuadamente, y respetar los de los demás será un beneficio personal y social, y los que comparten tu vida contigo también saldrán beneficiados.

> *"La diferencia básica entre ser asertivo y ser agresivo es la forma en que nuestras palabras y comportamientos afectan a los derechos de los demás".*
>
> Sharon Anthony Bower

Te ofrezco este esclarecedor y enriquecedor texto extraído del libro **Las mil y una noches** que es una recopilación de cuentos tradicionales de Oriente Medio.

*"**U**n Sultán soñó que había perdido todos los dientes. Después de despertar, mandó llamar a un sabio para que interpretase su sueño.*

- ¡Qué desgracia, Mi Señor! Cada diente caído representa la pérdida de un pariente de Vuestra Majestad, -dijo el sabio.

- ¡Qué insolencia! ¿Cómo te atreves a decirme semejante cosa? ¡Fuera de aquí! ¡Que le den cien latigazos!, -gritó el Sultán enfurecido.

Más tarde ordenó que le trajesen a otro sabio y le contó lo que había soñado.

Este, después de escuchar al Sultán con atención, le dijo: - ¡Excelso Señor! Gran felicidad os ha sido reservada. El sueño significa que sobrevivirás a todos vuestros parientes.

Se iluminó el semblante del Sultán con una gran sonrisa y ordenó que le dieran cien monedas de oro. Cuando este salía del Palacio, uno de los cortesanos le dijo admirado:

- ¡No es posible! La interpretación que habéis hecho de los sueños es la misma que el primer sabio. No entiendo por qué al primero le pagó con cien latigazos y a ti con cien monedas de oro.

*El segundo sabio respondió: - Amigo mío, **todo depende de la forma en que se dice.** Uno de los grandes desafíos de la humanidad es aprender a comunicarse. De la comunicación depende, muchas veces, la felicidad o la desgracia, la paz o la guerra. La verdad puede compararse con una piedra preciosa. Si la lanzamos contra el rostro de alguien, puede herir, pero si la envolvemos en un delicado embalaje y la ofrecemos con ternura ciertamente será aceptada con agrado."*

Así, te estarás preguntando para qué te sirve la asertividad o en qué te ayuda ser asertivo o cómo saber si estás manifestando tu asertividad.

¡Caramba, cuántas preguntas! Esto parece un concurso televisivo. Te voy a responder contestando a la siguiente pregunta:

¿QUÉ ES SER ASERTIVO?

SER ASERTIVO ES:

- **Decir lo que quieres decir** y no lo que no quieres decir para quedar bien o por miedo.

- **Expresar tus pensamientos y emociones** sin ningunearte, sin menospreciarte.

- **Expresar tus opiniones y deseos** de tal forma que al otro no le quede duda de lo que está escuchando, transmitido con respeto y habilidad, sin levantar suspicacias, sentimientos negativos o incomodidad en los demás.

- **Expresar quejas o desacuerdos** desde el respeto, la honestidad y la voluntad de ayudar.

- **Pedir favores** desde la sinceridad y **negarse a realizarlos** si no nos sentimos cómodos, nos ponen en un aprieto o no nos sentimos capaces.

- **Defender tus derechos legítimos** de ser tratado con respeto y dignidad.

Todo ello sin amenazar, violentar, acusar, castigar, ningunear o violar los derechos de la otra persona.

Viene "que ni pintado" un maravilloso cuento que a mí me encanta porque lo he vivido en "mis propias carnes" y estoy segura de que lo he hecho vivir a otras personas.

Desconozco totalmente quién es el autor, pero le doy las gracias por la verdad tan profunda que nos ha transmitido con tanta sencillez.

"EL PAPEL ARRUGADO"

Contaba un predicador que, cuando era niño, su carácter impulsivo lo hacía estallar en cólera a la menor provocación.

Después de que sucedía, casi siempre se sentía avergonzado y batallaba por pedir excusas a quien había ofendido.

Un día su maestro, que lo vio dando justificaciones después de una explosión de ira a uno de sus compañeros de clase, lo llevó al salón, le entregó una hoja de papel lisa y le dijo:

¡Arrúgalo! El muchacho, no sin cierta sorpresa, obedeció e hizo con el papel una bolita. - Ahora -volvió a decirle el maestro- déjalo como estaba antes.

Por supuesto que no pudo dejarlo como estaba. Por más que lo intentaba, el papel siempre permanecía lleno de pliegues y de arrugas.

La impresión que dejamos en los demás no se puede borrar. Quedan los pliegues y las arrugas grabadas en su interior.

¡Vaya regalazo! ¡No lo dejes pasar! Guárdalo en tu corazón para que te recuerde que…

"HEMOS DE PASAR POR LA VIDA DEJANDO HUELLAS Y NO CICATRICES"

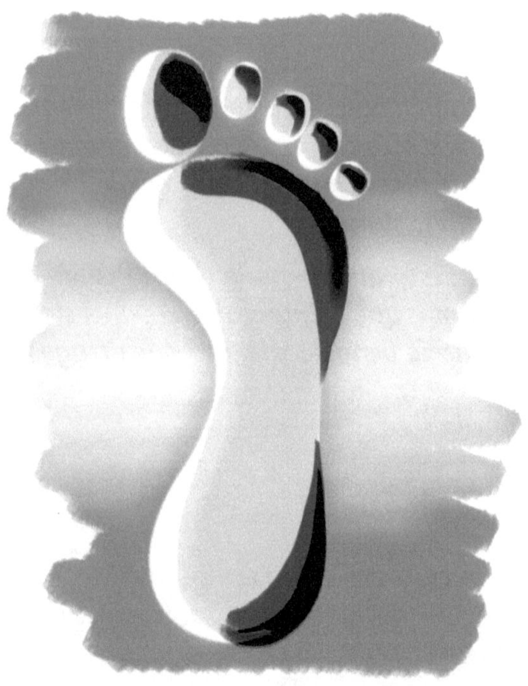

¡Sí, sí…! Ya te he explicado lo que es ser asertivo. Pero ya sé también que estás pensando que en muchas ocasiones te resulta muy, pero que muy difícil serlo.

Es muy fácil escribir sobre la asertividad y particularmente costoso llevarlo a la práctica. ¡Lo sé! A mí también me cuesta, pero nuestro objetivo principal es nuestro crecimiento personal y con esto no se pacta. Está en juego nuestro bienestar y felicidad.

La vida es un largo camino que se recorre paso a paso, lo importante es darte cuenta de por dónde quieres ir para sentirte cada vez más tú y vivir un vida llena de plenitud. ¡Tú eliges!

Como ya comentamos en el primer libro **Acaricia tu mundo**,

TÚ ELIGES SI QUIERES VIVIR O QUIERES VIVIR CON MAYÚSCULAS.

¡Todo se puede conseguir con un trabajo personal constante, consciente y paciente! No nacemos enseñados y, además, a lo largo de nuestra vida vamos adquiriendo ciertos hábitos que nos alejan de nuestro yo más profundo y nos confunden.

Volver al sendero implica búsqueda, compromiso con nosotros mismos y perseverancia. ¡No te conformes con cualquier cosa!

¡Seguimos, amigo caminante! De qué es la asertividad pasamos a concretar qué actitudes debemos ir adquiriendo para conseguir ser asertivos. ¿Preparado? ¡Ahí vamos!

ACTITUDES PARA CONSEGUIR SER ASERTIVOS:

1. CONFIANZA PLENA.

Confía en ti. Trabaja la seguridad interior. Demuéstrate a ti mismo y a los demás que tus pensamientos, ideas, opiniones, sentimientos… son válidos, importantes y, sobretodo, son tuyos. Esto hará que cada vez tengas más fe en ti mismo y tus creencias sean cada vez más positivas.

2. SEGURIDAD.

Ten la seguridad de que eres capaz de elegir y tomar decisiones acertadas y adecuadas. Y demuestra esa seguridad a los demás. La han de percibir. Si es así, tus argumentos , decisiones y opiniones adquirirán más peso.

3. FIRMEZA.

Mantén siempre tu criterio a pesar de las adversidades con las que te encuentres.

4. RESPETO

Respeta las opiniones de los demás como tú quieres que respeten las tuyas. Es la base fundamental de la asertividad.

> *"Si quieres ser respetado por los demás, lo mejor es respetarte a ti mismo. Solo por eso, solo por el propio respeto que te tengas, inspirarás a los otros a respetarte".*
>
> Fedor Dostoievski

5. EQUILIBRIO.

No te dejes dominar por tus estados de ánimo. Sé tú el que lleve las riendas de tus emociones. La ecuanimidad es muy importante para ser creíble "a ojos ajenos". Las manifestaciones descontroladas te quitarán credibilidad; y, a la vez, te será difícil mostrarte asertivo en la comunicación.

6. SENSIBILIDAD.

Lo único que tienes que pretender es mejorar la situación. Si no va a ser así, no es el momento oportuno y será mejor tu silencio. Ya lo dijo el gran Leonardo Da Vinci:

> **"Nada fortalece tanto la autoridad como el silencio".**

Amigo caminante, voy a poner un **ejemplo** para explicarte con mayor claridad este concepto tan importante de la asertividad y que puede esclarecer lo que hemos estado comentando hasta ahora.

Acudo al mundo del trabajo porque es en el que tenemos más oportunidades de relacionarnos con nuestros iguales.

Hablaremos de Julia y Andrés. Seguro que en algún momento te identificarás con alguno de ellos.

Julia y Andrés trabajan en una oficina, "codo con codo". Ambos se reparten la tarea administrativa del despacho.

Julia considera una gran virtud ser ordenada. Su mesa siempre está impecable. Cada papel está en su sitio y cuando se acaba la gestión guarda cuidadosamente los documentos en sus carpetas correspondientes. Todo lo lleva al día. Ella está muy orgullosa de hacerlo de esta manera porque cree que le facilita el trabajo y ahorra tiempo.

Andrés es diferente, en su mesa tiene "su orden" que, por supuesto, no coincide con el de Julia. En alguna ocasión, esta le ha pedido algún informe a Andrés y este en "su orden" lo ha encontrado pero ha tardado más de lo que Julia pensaba que tenía que tardar y esta siempre se recomía por dentro pensando que era un desordenado y le hacía perder "su valioso tiempo".

Julia pensó que un día, a la salida del trabajo, quedaría con él para tomar un café y hablar del tema. Así lo hicieron.

Cuando ya estaban sentados y con sendos cafés en la mesa Julia comenzó a hablar.

- Andrés, quiero decirte que es imposible que te aclares con la mesa que tienes, siempre que te pido un documento me haces esperar. Eres un desordenado y esto repercute en mí.

- Julia, no exageres... por un día que te hice esperar...

Andrés no se encontraba en su mejor momento y además las palabras de Julia le sonaban a incomprensión.

- ¿Una vez...? Cada día que te pido algo pasa lo mismo.

Julia no se estaba dando cuenta pero iba subiendo el tono de sus respuestas hasta convertirse en un tono acusador y agresivo.

- Andrés, eres un desastre, eres un desordenado, no haces nada bien, siempre tengo que estar yo pendiente de lo que tú haces.

Andrés dejó su café y se marchó sin decir nada.

Julia se quedó triste y preocupada. Se dio cuenta de que había sido un despropósito. ¡Fue un desastre!

¿Qué ha pasado? Vamos a analizarlo paso a paso.

Julia le ha dicho lo que pensaba pero... según iba hablando ha ido subiendo el tono de la conversación hasta llegar un momento en que sus palabras han sido agresivas con Andrés.

Julia hacía tiempo que pensaba que quería hablar con su compañero para decirle lo mal que lo pasaba cuando no encontraba lo que le pedía entre sus papeles. **Llevaba tiempo aguantando esa situación que a ella la ponía tan tensa.**

Además, en la conversación **Julia descalificó a Andrés llamándolo desordenado y desastre**. Identificó el desorden y el desastre de la mesa de Andrés con su identidad. Usó el verbo SER: "eres un desordenado y un desastre", se estaba refiriendo a él como persona y no a su mesa. La mesa estaba desordenada y parecía un desastre.

Otro aspecto muy importante a tener en cuenta es que Julia fue subiendo el tono de su conversación hasta llegar a un **tono agresivo.**

Hemos de tener en cuenta que la mayoría de personas nos sentimos incómodas ante la crítica, de ahí que sea tan importante expresarla de manera adecuada.

Mucha parte de nuestro tiempo lo pasamos escuchando o emitiendo críticas y **no nos paramos a reflexionar sobre las consecuencias que provocan en las personas o en nosotros mismos**. Es algo tan habitual que las consecuencias que provoca este estilo de comunicación nos pasan desapercibidas.

En muchas ocasiones, **la crítica es destructiva e intimidatoria** y no podemos esperar que la persona la encaje con alegría y soltura. Es un tipo de agresión, **es una agresión lingüística** y, por tanto, dolorosa.

Por otro lado, **¿era el momento y el lugar oportuno?**

¿Qué le pasó a Julia? Algo en lo que muchas veces caemos sin darnos cuenta: **LA LEY DEL PÉNDULO**. La ley de los extremos.

¿QUÉ ES LA LEY DEL PÉNDULO CUANDO HABLAMOS DE ASERTIVIDAD?

Te explico rápidamente. Anteriormente hemos hablado de los estilos de comunicarnos: pasivo, agresivo y asertivo.

Julia iba aguantando el desorden en la mesa de Andrés que a ella le molestaba. No se atrevía a decírselo, se lo iba guardando y se iba cargando emocionalmente. Estaba en el lado del péndulo de la pasividad: no decía nada, no se atrevía.

Cuando ya logró el valor para decírselo se fue al otro extremo del péndulo, lo hizo con agresividad. Sin darse cuenta o sin quererlo fue de extremo a extremo sin pasar por el medio que sería la comunicación asertiva.

¿Cómo podemos parar el péndulo? Tan sencillo -y… ¡tan complicado!- como no cargarlo en el extremo de la pasividad.

¿Qué quiero decir con esto? Pues, **decir las cosas en cuanto ocurran sin esperar a que se cree un conflicto y te pesen emocionalmente.**

Vamos a reconstruir la situación con una de las muchas posibilidades que existen para mostrar una comunicación asertiva.

Cuando Julia pide a Andrés el documento y este lo busca en su mesa desordenada, según la opinión de Julia, ella podía haber aprovechado para comentarle:

- Andrés, veo que tienes la mesa llena de papeles.

- Sí, sí… espera que estoy buscándolo en esta parte que tengo los informes acabados.

En este momento Julia tenía **varias opciones**:

1. Hacerle un comentario a Andrés de este tipo: - Si quieres, en cuanto envíe lo que me des, te ayudo a ordenar la mesa.

2. Decirle: - En cuanto me des el papel, como ya habremos cerrado el expediente tendrás un momento para organizar tus papeles.

3. Explicarle cómo se siente: - Andrés, siento que pierdo el tiempo cuando espero mientras buscas el documento. Me siento mal y me incomoda. No me gusta sentirme así contigo porque creo que eres una persona muy valiosa para el trabajo.

4. Seguro que a ti se te ocurre alguna idea brillante…

En cualquiera de las nuevas versiones del suceso Julia-Andrés se puede comprobar que existe un autocontrol emocional y se expresan los sentimientos para que la otra persona sea consciente de nuestra situación. También le hemos ofrecido nuestra ayuda y tiempo para que pueda ordenar su escritorio.

Tal vez, ante este despliegue de sinceridad, Andrés decida ordenar su mesa. De todas maneras, si no fuera así, siempre nos queda la persistencia y la paciencia. Tarde o temprano reaccionará y no hemos dejado ninguna herida: **"Se hiere pronto, y se cura tarde"**

> *"Algunas palabras abren heridas. Otras abren caminos".*
>
> José Narosky

Aprovechando el comentario de los errores que Julia ha cometido con Andrés, quiero añadir algunos más que se nos pueden escapar cuando queremos hacerle saber a la otra persona que algo nos incomoda o nos molesta y queremos solucionarlo por el bien de nuestra relación, o hay una situación que nos preocupa y queremos mejorar.

ERRORES FRECUENTES:

- Elegir un **momento inoportuno** y un **lugar inadecuado.** En esas condiciones la persona no se siente receptiva a nuestras palabras. Hemos de contar con su disposición interior personal para facilitar el diálogo.

- **Nuestro estado personal y emocional** carecen de equilibrio y control.

- Nuestro **lenguaje analógico**, no verbal, muestra tensión, contención o agresividad.

- Falta en nuestra comunicación **escucha atenta y empática**.

- Empleamos **identificaciones y descalificaciones**: "eres un desordenado", "eres un desastre".

- Lanzamos "dardos envenenados" en forma de **exigencias, acusaciones o amenazas.**

- **Exageramos el contenido del mensaje** con generalizaciones que amplían el sentido de ataque, el sentimiento de agresión: " Siempre..., todo...".

"Todo lo haces mal", "Siempre haces lo mismo"

¡Qué nadie se asuste! ¡Tranquilidad! Mantener una comunicación asertiva es posible. En este momento y después de leer todo lo que has leído ya tienes herramientas para hacerlo: empatía, escucha activa, escucha empática, lenguaje no verbal... ¿Qué más necesitas?

Amigo caminante, proponte pequeños retos para ir trabajando este y otros temas que hemos comentado en los capítulos anteriores. Como dice Lao-Tse: **"Un viaje de mil millas comienza con el primer paso".**

> *"Todo lo que tienes que hacer para disminuir tu miedo es desarrollar más confianza en tu capacidad para mejorar cualquier cosa que se te presente".*
>
> Susan Jeffers

Y ya que estamos comentando los retos que se nos avecinan para nuestro crecimiento personal, vamos a concretarlos para tener mayor claridad.

CÓMO SER ASERTIVO.

1. Da el primer paso.

Proponte algo pequeño. Comienza con situaciones que no presenten mucha dificultad para ti. Por ejemplo, pídele una explicación a tu pareja, tu hijo/a, un familiar… ante un comentario que no has entendido o no te ha gustado.

Cuando realices actividades lúdicas con tu familia, pareja, amigos…expresa tu opinión y los motivos para dicha elección.

2. Simplicidad al poder.

Realiza tus comentarios con claridad y sencillez. No hacen falta las explicaciones rebuscadas que pueden dar sensación de excusa. Es más que suficiente con decir lo que piensas, sientes o quieres de manera educada y respetuosa.

3. Utiliza la primera personal del singular: YO

Concreta lo que quieres expresar en tu persona sin divagar. El pronombre "yo" lo aclara más.

Por ejemplo. En lugar de decir: "El trabajo ha sido duro y estresante y ahora me pides esto…" Es más conveniente decir: "Estoy muy cansado, he trabajo mucho hoy, lo que me pides lo haré mañana que estaré más centrado".

4. Utiliza el NO.

Este monosílabo nos trae muchos quebraderos de cabeza, aunque sería conveniente que lo utilizáramos más a menudo. Nos hace sentirnos mal cuando lo pronunciamos. Pensamos que somos egoístas. Y también, de paso, nos da miedo qué pensarán los demás cuando lo pronunciemos. Más adelante le dedicaremos su espacio para aclarar el poder que ejerce sobre nosotros esta palabra.

5. Claridad.

No tienes que pedir disculpas, sentirte culpable o avergonzado de expresar tus necesidades o deseos, a menos, que sea una cosa irracional. Solo hay que pedirlo de manera educada.

6. Utiliza el lenguaje no verbal.

Tu lenguaje corporal tiene que mostrar a tu interlocutor seguridad: mantén una postura relajada a la par que digna, ponte de pie, mira a los ojos, sonríe o sostén una expresión facial acorde con la conversación, busca el tono y el volumen de voz adecuado. Tus gestos han de ser suaves y no inquisitivos.

7. Controla tus expresiones.

Eres consciente de lo que quieres decir en cuanto a pensamientos, ideas y opiniones y no tienes, si no quieres, que dar explicaciones de ninguna de ellas. Tal vez, en ese momento no tienes una respuesta con claridad sobre los motivos que te llevan a pensar de esa manera, lo puedes exponer con sinceridad pero sin justificarte. No hace falta que digas lo que los otros quieren escuchar. Da la impresión de que les pides permiso para pensar.

En ocasiones, nuestro único motivo para dar explicaciones es agradar.

8. Persistencia.

Hay situaciones en nuestra vida en las que no encontramos respuesta adecuada a nuestras demandas. Insiste hasta que te sientas tratado como crees que te mereces. Cuando no te sientas satisfecho con las soluciones que te den, persiste, no te conformes.

9. Tranquilidad.

Te encontrarás en muchas situaciones en que no estén de acuerdo contigo. ¡Serenidad! No comparto lo que Sun Tzu en *El arte de la guerra* enseña: "La mejor defensa es un buen ataque". Para ser asertivo nada más lejos de la verdad. Evita esas situaciones o intenta buscar una solución constructiva para ambas partes.

Y qué mejor para cuidar nuestra asertividad que una buena receta. ¡Es muy sencilla! Y cuantas más veces la realices más bueno será el resultado final. Ya ves que siempre vamos a parar en lo mismo: practicar, practicar y practicar.

Ya lo sabes por experiencia, cuando nos decidimos a poner en práctica una receta nueva, aunque queramos, no nos sale perfecta la primera vez. Sí, ya sé que sigues los pasos de elaboración, ya sé que pesas correctamente los ingredientes, ya lo sé..., pero falta nuestro toque personal. La siguiente vez está más rica, y la siguiente más...

Llega un momento en que es nuestra receta personal y estamos super orgullosos de ella. Amigo caminante, ya sabes...

¡A COCINAR ASERTIVIDAD!

Te dejo esta receta de Valeria Zamora de la revista **Vive** que tiene algunas pequeñas modificaciones respecto a la original.

"UNA SENCILLA RECETA PARA LA COMUNICACIÓN ASERTIVA".

Ingredientes:

- Empatía

- Tono de voz

- Afecto

- Percepciones

- Escucha activa

- Lenguaje

PREPARACIÓN:

La mezcla

Poner en un recipiente palabras que transmitan un mensaje claro, abierto y honesto (no callar). Añadir un tono de voz adecuado según las circunstancias siendo este armónico: sin ofensas y firme de ser necesario. Posteriormente, batir para que quede lista la masa.

Cocción

Poner a calentar en una olla todas sus percepciones y mensajes confusos hasta escuchar los puntos de vista de los demás. Rápidamente retirar antes de que hierva y dañe su relación con el otro. Estar pendientes de escuchar, no responder primero interpretando. Todos tienen derecho a expresar.

Ir colocando, poco a poco, la masa inicial en la olla y mezclar. Evitar poner en lo posible en la receta lo que podría detonar la ira de la otra persona. Tan solo una palabra o frase puede provocar una discusión.

Recomendaciones

Añadir varias cucharadas de abrazos, palabras cariñosas y afecto al gusto para que coja sabor y no pierda su esencia.

¡Y listo! Sírvalo con un acompañante".

Amigo caminante, a este capítulo le falta un aspecto fundamental y que ahora mismo vamos a solucionar.

LOS QUEBRADEROS DE CABEZA QUE NOS PRODUCE EL MONOSÍLABO "NO".

¡Quién lo diría! ¡Tan breve y qué poder ejerce sobre nosotros!

Nos han educado a pensar que decir "NO" no es correcto.

En este sentido, el país experto en no utilizar la palabra "no" es Tailandia, el país de la amabilidad. Allí "sí" es "*chai*" y el no sería: "*mai chai*" que significa "no sí". Es muy difícil que un tailandés te dé como respuesta un "no". Siempre te dirá "sí" aunque luego te dé un sinfín de explicaciones de lo que has de deducir que es un "no".

Eso nos pasa, en ocasiones, a nosotros. Decimos SÍ cuando realmente queríamos decir "NO" –y... ¡no somos tailandeses!-.

Hemos acabado cediendo a las presiones culturales, al qué dirán, al qué pensarán... y nos convertimos en pequeños esclavos del "quedar bien", a costa de nuestra satisfacción personal, nuestro bienestar emocional, nuestra seguridad personal o nuestra autoestima.

¿Qué pasa? ¿Es para compensar la época por excelencia de la negación? Sí, hombre, sí...la adolescencia. Cualquier cosa sirve mientras sea para ir en contra de lo que sea: la autoridad, los padres, las normas, las tradiciones… en nuestra mente solo está el "No". Después… se nos olvida y nos adaptamos. Nos pueden más las apariencias y la falsa educación que nuestra propia autoafirmación.

Decir "No" es una manera de confirmar nuestros criterios y decisiones. Crecemos en autoestima aliada con la fortaleza y la seguridad.

Para saber decir "No", tenemos que tener clara cuál es la escala de prioridades que rigen nuestro camino y que nada ni nadie nos desvíe por sendas que no queremos recorrer.

> *"Lo más importante que aprendí a hacer después de los cuarenta años fue a decir no cuando es que no".*
>
> Gabriel García Márquez

Decir "No" es ***defender los propios derechos sin lastimar, ofender o perjudicar a nadie".***

Aquí está el "quid de la cuestión": **defender sin herir**. Llevamos todo el capítulo hablando de la asertividad, a estas alturas ya posees alguna estrategia para poderla llevar a cabo.

El mayor problema, desde mi punto de vista, sigue siendo atrevernos a decir la palabra mágica y es más, atrevernos a decírsela a ciertas personas que pensamos que no se lo podemos decir. Tenemos la creencia de que a nuestro superior, a nuestro jefe, a nuestros amigos, a nuestros familiares e incluso a nuestros hijos no les podemos decir "No".

Decir "No" pensamos que es como fallarles, no tener voluntad de ayudar, no quererlos…¡Qué equivocados estamos!

Diciendo "No" les estamos enseñando infinidad de lecciones:

- Ahora no es el momento adecuado,

- no me dejo arrastrar por tu capricho,

- es mi decisión,

- eres responsable de tus decisiones,

- todas las acciones tienen consecuencias,

- mis prioridades son otras,

- mis valores me lo impiden,

- es una decisión pensada,

- soy firme…

Su reacción no depende de ti. Solo depende de la otra persona y tú no puedes hacer nada. Cada uno de nosotros tenemos que recorrer nuestro camino.

> *"La manera más rápida de reducir tu estrés es aprender a decir NO".*
>
> Mariela Dabbah

¿CÓMO HEMOS DE DECIR "NO"?

Ya te lo he dicho, sin lastimar, ofender o perjudicar al otro y, a la vez, autoafirmándote y sin quedarte con un sentimiento de culpa por tu respuesta. Intenta dejar a un lado tu carga emocional negativa y confía en la capacidad de comprensión de la otra persona. **Decir "No" no es rechazar al otro**, es dejar claro que no es el momento, la ocasión, la oportunidad para ti.

¿DE QUÉ MANERA?

A través de nuestro lenguaje no verbal:

- Mirada seria, aunque no inquisitiva.

- Gestos firmes, aunque no impositivos.

- Silencio prolongado…

Y también mediante nuestras palabras y expresiones llenas de sinceridad, amabilidad y firmeza:

- "Me gustaría decirte que sí, pero no puedo".

- "Si te digo sí, después me arrepentiré".

- "No insistas, ya te he dicho "no".

- Espero que entiendas mi postura como yo entiendo la tuya".

- "No opino lo mismo que tú aunque te respeto"

- "No puedo porque…"

- "Te he escuchado y ya te he dicho…"

"SI SIEMPRE DICES SÍ A LOS DEMÁS, QUIZÁS TE DIGAS NO A TI MISMO".

> *"Ser uno mismo en un mundo que constantemente trata de que no lo seas es el mayor de los logros".*
> Ralph Waldo Emerson

Amigo caminante, hemos llegado al final te este apasionante capítulo por la senda de la asertividad. Deseo de corazón que te haya sido de gran utilidad.

Este es el último capítulo de este libro, pero no te digo un adiós sino un ¡Hasta la vista! Seguro, seguro que nos volvemos a encontrar. ¿Qué te parece si es en mi siguiente libro **ACARICIA TUS PALABRAS**?

¡Nos vemos pronto, amigo caminante!

RESUMIENDO...¿QUÉ ES LA ASERTIVIDAD?

✓ La asertividad es una habilidad social que se cultiva en tu interior.

✓ La asertividad te capacita para expresar tus opiniones, pensamientos, sentimientos y deseos de una manera consciente, congruente y equilibrada.

✓ Defiende tus derechos sin herir a los demás.

✓ Cultiva estas actitudes para ser asertivo: Confianza, seguridad, firmeza, respeto, equilibrio y sensibilidad.

✓ Aprende a decir "NO". Crecerás en autoestima, fortaleza y seguridad.

¡GRACIAS!

Amigo caminante,

GRACIAS por **ACARICIAR otros MUNDOS** a través de este libro.

GRACIAS por tu afán de querer escuchar y comprender a los que te rodean y con los que compartes tu vida, tu ser.

GRACIAS por querer dejar, a tu paso por las vidas de otros, huellas de reconocimiento y amor.

GRACIAS por ser valiente y reconocer que en cada paso que vas dando por tu camino eres más fuerte y, a la vez, más humilde.

GRACIAS por ver desde tu interior la grandeza que guarda el interior de los que te rodean.

¡ERES ÚNICO EN EL MUNDO Y DE TI DEPENDE, a través de tus gestos, actitudes y palabras, QUE OTROS APRENDAN A SERLO!

GRACIAS por tu compromiso con una comunicación efectiva y profunda a través de la lectura de este libro. Espero que sus palabras hayan supuesto para ti "un antes y un después" en tus relaciones con los que te rodean. Recuerda que todo lo que has aprendido, paso a paso, has de practicarlo para que de verdad lo vayas integrando.

Como ya te he dicho en otras ocasiones, **estás a un paso de transformar la realidad** de otras muchas personas que confían en ti.

NUEVAMENTE... ¡GRACIAS!

QUIERO

"Quiero que me oigas, sin juzgarme.
Quiero que opines, sin aconsejarme.
Quiero que confíes en mí, sin exigirme.
Quiero que me ayudes, sin intentar decidir por mí.
Quiero que me cuides, sin anularme.
Quiero que me mires, sin proyectar tus cosas en mí.
Quiero que me abraces, sin asfixiarme.
Quiero que me animes, sin empujarme.
Quiero que me sostengas, sin hacerte cargo de mí.
Quiero que me protejas, sin mentiras.
Quiero que te acerques, sin invadirme.
Quiero que conozcas las cosas mías que más te disgusten, que las aceptes y no pretendas cambiarlas.
Quiero que sepas, que hoy,
hoy puedes contar conmigo.
Sin condiciones".

Jorge Bucay

"FLASH" INFORMATIVO... de mi siguiente libro.

Amigo caminante, sé que has descubierto una nueva visión en el ámbito de la comunicación a través de este libro y que eso te ha animado a seguir sumergiéndote en el maravilloso mundo de las relaciones humanas y, por supuesto, en tu crecimiento personal.

¡Estupendo! ¡Genial!

Puedes seguir tu camino personal con el siguiente libro **ACARICIA TUS PALABRAS** de la trilogía **Acaricia tu mundo.**

EL tercer libro está dedicado al **LENGUAJE**, a las palabras. Y como dice el libro de los Proverbios deseo para ti *"que tus palabras sean medicina para los demás".*

En este libro te ofrezco "píldoras" para sanar tu alma y el alma de los demás. Píldoras para construir en lugar de destruir. Porque...

> **"Las palabras que hablamos se convierten en el timón que nos llevará hacia nuestro destino".**

Y ya sabes… ¡Te espero en el siguiente libro!

INVITACIÓN

Antes de despedirme, quiero invitarte a que **COM-PARTAS** todo lo que has aprendido y vivido con la lectura de este libro con todas esas personas que conoces.

Puede que no estén en el mismo proceso personal que tú, ya sabemos que cada uno de nosotros partimos de lugares diferentes y que lo importante es caminar, avanzar.

¡Quién sabe cuánto les puede ayudar este libro en su camino personal! ¡Compártelo! Cuantos más caminantes creamos en la posibilidad de que podemos ser plenamente felices, mejor que mejor.

¡COMPARTE tu nueva realidad!

¡CUÉNTAME QUÉ TE HA PARECIDO EL LIBRO!

Me gustaría contar con tu opinión.

¿Qué te ha parecido?¿Lo has notado cercano?¿Te ha resultado ameno?

Pretendo que, quien lo tenga en sus manos, pueda decir que lo ha sentido como propio y dirigido especialmente a él.

Aunque, sobretodo, me interesa saber si te ha ayudado en tu crecimiento personal. ¿En qué aspectos te ha ayudado más. **¡Cuéntame tu experiencia personal de crecimiento!**

¡GRACIAS!

Si no tienes inconveniente en salir en las redes sociales, puedes enviarme una foto con el libro. Si no es así, envíame solamente tu experiencia al siguiente email:

esperanzasebastianlozano@gmail.com

Y ADEMÁS...

Lain García Calvo es el autor de la saga ***LA VOZ DE TU ALMA.*** Es el líder más influyente en el campo del Crecimiento Personal, Espiritual y Económico del mundo en habla hispana.

Fundador del evento **¡VUÉLVETE IMPARABLE!,** al que acuden personas de más de 20 países diferentes.

El mensaje de Lain es auténtico: *"Encuentra tu **propósito de vida** y ponlo al servicio de la humanidad. Vinimos aquí para ayudar a los demás, pero para ello, primero debemos ayudarnos a nosotros mismos.*

*Hazte **grande**, ensánchate, atrévete a **brillar**; y cuando estés arriba ayuda a tus hermanos a subir".*

Yo ya tenía claro mi propósito de vida, pero él fue quien me dio el "empujoncito" para ponerlo al servicio de la humanidad. Gracias a él, tienes entre tus manos este libro que acabas de leer y los otros dos restantes que forman la trilogía **ACARICIA TU MUNDO.** Te estoy dando lo mejor de mí para ayudarte a subir.

Creo que se ha cumplido en mí el proverbio Zen: ***"Cuando el alumno está preparado, aparece el maestro".***

¡GRACIAS LAIN, POR HACER POSIBLES MIS SUEÑOS!

SÍGUEME EN MIS REDES SOCIALES:

 www.esperanzasebastian.com

 esperanzasebastianlozano@gmail.com

 Esperanza Sebastián Lozano

 Esperanza Sebastian- Acaricia tu mundo

 esperanzasebastianlozano